疾駆の記

国労時代とその後

牧野文夫

同時代社

本書の成り立ち

本書は著者牧野文夫に対するフリーライター高倉潤による合計四〇時間に及ぶインタビューをもとにして作成された。その過程で高倉は、牧野の依頼・紹介により何人かの関係者への取材をした。その中の一人、徳沢一《まこと》は牧野にとって国労運動の先輩であり、現在につづく親友である。これらの取材は、牧野の記憶をより正確にし、また、牧野の行動を当時の歴史的背景の中に浮かび上がらせるためである。そのため、牧野の生きた時代に関する歴史的文書や第三者の記した記録、証言なども適宜本書に挿入収録した。それらの証言・資料・引用などは、高倉による解説とともに活字を一ポイント小さくし、一段下げることにより、本文とは区別して表記されるようにした。

同時代社編集部

疾駆の記／目次

プロローグ

●はじめに

二〇〇八年七月、私が住む北海道洞爺湖でサミットが開かれた。環境破壊、貧困、世界経済の混迷などの人類的課題が山積している中で、先進国中心のサミットが、いったいいかなる具体的対案を打ち出せたと言うのだろうか？　この一年というもの、この地では、自治体上げての空騒ぎが続いていた。地域住民の生活から遊離した国際会議だった。現代日本社会や世界のあり方を象徴するような光景であった。

今、私はこの地で、有機農業を営んでいる。有機農業を続けることが、危機にある現代日本・世界の活路となると信じているからだ。かつて国鉄労働運動に参加し、事業家となり、そして二〇年前から有機農業家として再出発した。思えば、そこに至るまでの道のりは長かった。私の人生は紆余曲折をたどり、けっして「一筋の道」というようなものではなかった。なぜ、どのようにして、私はこの道にたどり着き、歩んでいるのだろうか。

私は当初、自分の生きてきた道のりを書くことにあまり気乗りがしなかった。それには、私の父が自分の過去を一切語らなかったことも影響しているかもしれない。

同時に、今の時代の暗さ、閉塞感が私を苦しめる。毎朝起きると考え込んでしまう。この時代はいったいどうしたことか、かつての時代の、あの高揚感、エネルギーはいったいどこに行ってしまったのか。私の最大の関心事は、ここにある。自分の過去をほじくって、半生記など書いている場合ではない、この現状を打開することが最大の課題だ——そう思っていた。私自身、前のめりでこの道を歩んできた。でも周囲の親しい友人たちが熱心に好意的に半生記を書くように勧めてくれるのを、結局断ることはできなかった。

●〈運動経験〉から未来が見えるか

私は、今の時代の閉塞感を突破する契機を、自分の軌跡の中に、わずかでも見出したいと思うようになった。こうした閉塞感が日本社会全体を覆っていることの背後に、戦後社会運動の経験が私たちの血肉になっていないという問題があるのではないか、と感じるようになったのである。いま貧困にあえぐ若者たちのほとんどは、運動の歴史からも、その蓄積からも、全く切り離された人々なのである。彼らに、あのレッドパージによる壊滅的打撃から少しずつ立ち直っていった国労運動、国労青年運動の歴史と息吹を伝えていくことに、少なからぬ現代的意義があると言えないだろうか。ほとんど教育を受けることを保証されなかった貧しい若者たちが——私もその一人だ——、戦後日本の労働運動を大きく左右し、平和と民主主義を支える担い手になっていった軌跡を伝えることは、まさに私たちの世代の責務だろうと思う。そうした国労運動が背負わなければならなかった苦悩や敗北の経験を伝えることも含めて……。

いまこそ、忘却の彼方に追いやられた運動の記憶――いや、支配層の力によって忘却させられたと言った方が正確かもしれない――を、もう一度現代に蘇らせていく必要がある。私が「運動史の総括」が必要だと思うゆえんである。運動家たちは今こそ、自分たちの軌跡をふりかえりながら、戦後民主主義、労働運動の総括作業の一端を担う必要がある――私は、そのように考える。一見過去をふり返っているようでいて、あくまで現在と未来を見つめて、自分の足跡を綴ってみたいと思うようになった。

私たち国鉄「革同」のかつての活動家集団は、一年に一回同窓会、OB会を開いて交流している。なかには、かつての輝ける国鉄革同のリーダー、八八歳の子上《ねがみ》昌幸さんの姿も見られる。私は今も、革同の精神共同体の一員だ。革同についてはあとでじっくりと記すつもりだ。

このOB会は、懐かしい闘士たちが集まり、各々の近況を語り合う、楽しい場だ。最近も小田原で開催され、私も北海道から駆けつけた。このOB会をとおして、かつて疾風怒濤の青春時代を共有した仲間たちの老後を、お互いにかいまみることができる。みんな、何十年もの闘いの月日の疲れを癒しながら、同時に今もなお、それぞれの場で日々もがいて格闘して生きている様子が伝わってくるのだ。

こういう場に出るといっそう、私を含めた、革同の仲間たちの貴重な具体的経験の数々を、そして私たちが駆け抜けてきた時代の息吹を、なんとか今の若者たちに伝えていけないものだろうかと思わずにいられない。まず、第一歩として自分たちの「経験の断片」を語り始めたらどうだろうか。本書は、そうしたささやかな試みの一つだとご了解いただきたい。本書は、いわゆる「運動史」の本ではない。あくまで私個人の体験と、友人たちとの交流の中から見えてきた、戦後社会運動の「経験の断片」なのである。そこから出発するしかないではないか、というのが私の思いだ。

私は一九五〇年代半ばに国労運動に参加して以来、国労人生を全うする決意でいた。そこに自分の全人生を賭けていた。ところがいくつかの事件を契機に、その志は挫折を余儀なくされた。それからの私は、事業家としての人生を歩み、さらに今、有機農業を営んでいる。この紆余曲折の中に、いったいどんな人生があったのか。そしてその紆余曲折の人生に、どんな未来への運動イメージが浮かび上がり、沸きあがってくるのか——語ってみることにしよう。本書は、必ずしもこれまで十分に語られることのなかった国労活動家の人生の軌跡である。そのことを通して、「戦後」という時代の一側面を浮かび上がらせ、そして閉塞する現代を撃ちたいと願っている。かつての仲間たち、そして私たちの志を受け継いでいる若者たちへの「対話」のためのメッセージだ。

第一章　生い立ち

一　父と母

●牧野の家系

　人間の原点は幼少の体験にあると言われるが、私の場合もその例外ではない。私の人一倍活動的な人生の原型の一つは、生い立ちにあったことは確かなのだ。始めに、私に有形無形の影響を与えた父と母について、書いておきたいと思う。

　父の生い立ちは謎に包まれている。父は、自分の生い立ちについて、黙して語らなかった。それだけではない、「牧野家」とはいったいどのような家系なのか、今もって確かなことはよくわからない。「牧野家」の足跡を辿ろうとすればするほど「逃亡」の二文字が私の脳裏を走るのだ。

　断片的な情報をつなぎ合わせると、次のようになる。牧野家は江戸幕藩体制の下で、京都の地で一定の高い地位にあったようだ。私にとっては祖父の世代のことだ。ところが、明治維新、廃藩置県の激動の中で、何らかの事情があり、牧野家は京都にいられなくなったようだ。そこから落ちのび、秋田にたどり着くことになる。おそらくその過程では、戊辰戦争の悲劇もあったのではないかと思われる。牧野一族が、その砲火をどうくぐりぬけたのかは詳らかではない。私の祖父が最初にたどり着いたのは、秋田の八郎潟だったようだ。

●誤って礼文島へ

父は一八八九年(明治二一年)秋田で生まれた。天皇制国家が自由民権運動を抑圧し、専制的な明治憲法体制を確立しつつある、まさにその時代に父は生まれた。彼の出生には、明確に明治維新の「敗者」の刻印が押されていたのである。父はどのような少年時代を過ごしたのだろうか。

父は読み書きはよくできた。字を書かせると、実に達筆だった。そこから、当時としては高いレベルのしっかりとした教育を受けていたことが窺われる。私の知る父は、戦後政治への関心も旺盛で、毎日欠かさず隅から隅まで新聞を読んでいた。ある日、田中角栄の国会答弁をテレビで見ながら、「そんなことではだめだ」と真面目な顔で口走っていた父の姿が印象的だ。

私の気質に受け継がれた父の「政治好き」は、いったいどのように形成されたのだろうか。青年時代、第一次大戦以降の社会運動の高揚に彼はどう関わったのか、無関係だったのか、不明である。確かなのは、その時期に父の人生を決定づける「挫折」があったということだ。生来の反骨の気質からか、何かの事情があり秋田を追われたようだ。父は小さな漁船に乗って、北海道の大地めざして逃げた。しかし運命のいたずらだろうか、誤って礼文島にたどり着いてしまったのである。

そこは稚内《わっかない》西方六〇キロほどのところにある日本海上に位置する日本最北の島だった。

●母との出会い

母は礼文島の漁師の娘だった。一八九四年に生まれ、父と五歳ちがいだ。娘はあるとき、内地から青年がやってきているのを知った。青年は浜の仕事を淡々とやっていたという。漁師の手伝い仕事などやっていたのだろうか。ひっそりと生活していた。その青年つまり父は、自転車を自在に乗り回していたという。自転車は当時の礼文島では、見たこともないモダンなものだった。

「あのくるくる回るものは、いったい何だろう」

噂話になっていた。

そんな父と母は島で知り合い、結婚した。

母は、おとなしい、ひかえめな女性だったが、しかし内側に一本芯の通った人だった。漁業の労働は厳しく、仲間同士の強い絆にもとづく共同労働が求められる。母も労働で鍛えられた逞しい肉体をもっていた。浜の共同体の文化を、例えば食文化を受け継いでいた。母のつくる塩辛は抜群に美味しく、私の妻は今もあのつくり方を教わっておけばよかったと悔やんでいるくらいだ。この「浜の共同体」のあり方は、一方で、けっして周囲から目立ってはならないという画一化の呪縛にもなった。

漁民たちの共同体的体質は、母の性格にも大きな影響を与えたようだ。あのひかえめな性格、芯の強さ。しかし、それだけではない。近隣に住む人々への、そして貧しきものへの、さらに民族の壁も越えた彼女の優しさは、そうした浜の原体験によって培われたように思えてならない。そして、後で述べるように、母の場合、浜の共同体の心性が、権力への迎合ではなく、権力の忌避、拒否の感情として受け継がれていったように思われる。

二　サハリンの地で

●出生の地サハリン

その後、父は一旗挙げようと思って、日本帝国の植民地である樺太に渡った。サハリンにおける「落合」という地域で酒屋を営んだ。運送屋もやって多くの労働者を束ねた。父はサハリンでも警戒を怠らなかった。運送を公にやると素性がすぐわかる、というので、「運送・雑貨」でごまかしていた。離婚した事実はないのだが、戸籍上離婚したことにするなどの小細工もしたようだ。バス会社も、雑貨屋も、何でもやった。

私は一九三四年、サハリン（樺太）で生まれた。父、母、二人の兄、そして父方の祖母の六人家族だった。祖母については、子どもだったせいもありあまり憶えていない。父も祖母のことについて語ろうとしなかった。私は自分の過去をけっして語らない父の元で育ったわけだ。

サハリンにいたとき、札幌の呉服問屋の人が我が家に出入りしていた。こういう富裕層との交流の中に、今から思えば、父の家系を想起させられる。

●強く優秀だった兄

兄は一九二九年生まれ。サハリンの学校では、剣道も柔道も達人で、柔道はたしか三段だったかと思う。実はもう一人、我が家に養子になっていた一番上の兄がいた。この兄もまた、剣道・柔道の達人でもあった。二人の兄、合わせて十段以上の段位だったという。養子となった兄の方は、戦後いち早く引き揚げ、混乱期に元の実家に戻り、我が家との縁は切れることになるのだが。

私たち兄弟は日本人の学校に通っていた。

二人の兄は、「牧野兄弟」と呼ばれて有名だった。「牧野兄弟には刃向かえない」と言われるくらい、腕力が強かった。思えば、こうした武道の教育は、父の教育方針でもあったのかも知れない。おかげで、私は子ども世界の中で、殴られたことがない。私は五歳年上の、屈強だった実の兄に守られていた。近所に茂という友達がいたが、「文夫ちゃん、俺に何かあったら、兄貴に話してくれよ」と頼まれたりした。

おかげで私はケンカをほとんどしなかった。これは私の性格形成に大きな影響を与えただろうと思う。大人になっても、労働組合活動家として当局とはケンカすることはあっても、仲間同士でケンカをすることはなかった。闘争の中でも、どちらかと言うとまとめていくタイプであり、闘争が紛糾すると間に入るのは私だった。これは、運動家である私の一つの個性だったかもしれない。

兄は、学業でも優秀だった。「一番」だったという記憶が残っている。その兄に父は漢文を教えていたらしい。兄のおかげで、私も周囲から一目置かれていた。親の七光りならぬ「兄の七光り」で、私が級長をやらされたこともある。

兄はその後、樺太・豊原市の教習所に入り、トップで機関士に合格した。兄は実に優秀だった。そしてすぐに国鉄に入職したわけである。この兄の機関士合格のいきさつが、後の私の人生を大きく変えることになる。

●運ばれていく朝鮮人の姿

サハリンの我が家の近くには広い川があり坂があった。

また近所に王子製紙があった。

この地域には炭鉱があり、強制連行された朝鮮人労働者たちが働かされていた。父が経営する運送屋のバスで、朝鮮人たちは運ばれた。私はその光景を子どもながらに見つめていた。彼らはえばりくさった日本帝国によって、いじめぬかれ、過酷な強制労働に従事させられていた。運ばれ行く朝鮮人たちの姿――あんなに寂しい人間の顔を、私は見たことがなかった。

●「調子に乗るなよ」

私は、何かに追われ、警戒している父の背中を見ながら育った。しかし、子どもだった私がいつもそうした父のことを意識していたわけではない。

私がそのことを意識したのは、養子に来た兄が出征したときのことだ。父はそのとき言った。

「頑張って来い。だけど、調子に乗らないようにな」

私はその言葉に、父の過去に対する悔恨の思いを感じ取ったように思う。どういう事情か分からない。父が頑固に封じ込めているものだ。子どもながらに父の背負った過去の重さを感じさせられたのだった。

こうした父だから、後年共産党の活動に突入していった私に、干渉的なことを一言ももらしたことはなかった。私は、父から「自分のことを語らない」というあり方を学んだ。

こうした姿勢は母にも受け継がれていった。母には、根の深い権力への忌避、あるいは反感があったように思う。それは追われる父との生活によって培われていった面もあっただろう。また、底辺の漁民たちの共同生活の中にある、国家権力への感情もあったかもしれない。私が後年、母に自分の信条を語り、母がそれに共感してくれたこともあろう。

母は警察を含めた、制服を着た権力の末端の人々を、決して家に入れようとはしなかった。彼らが家に顔を見せようとすると、すぐ後ろ手で戸をピシャリと閉めてしまった。私が、反体制運動に入っていったのは、こうした私たちの家の雰囲気、文化のようなものによるところが大きかったように思う。

●敗戦、残留

一九四五年に大転換が起こった。日本の敗戦である。

私は一一歳になっていた。敗戦と同時に、日本帝国植民地居住の日本人たちはいっせいに本土へ引き揚げていった。しかし、そのなかでも帰ることのできない家族がいた。私たちもそうした家族たちの一つだった。植民地支配を受けた側の社会は、支配の終焉というだけで事は終わらない。

ソビエトはしばらくの間、日本の技術者を必要とした。崩れた社会秩序をどう再建するかが問題となり、そこでは技術者が必要とされた。従って日本の技術者層は、しばらくは帰還できなかったのである。私の兄は機関士であり、それゆえ帰ることが許されず、残された。私たちは早く帰りたいと思ったが、兄のみを残すわけにはいかず、牧野家全員がサハリンに残留した。兄弟別れ別れにならない方がいいという判断だった。

日本帝国の敗北と共に、私たち残留者の家族の生活が始まる。日本帝国主義の崩壊にともなって、旧植民地支配も一気に崩れ去った。ソビエト行政権力によって、私たち日本の民間人は何回か引越しを余儀なくされた。戦前の学校には、植民地においても、入り口に天皇陛下の写真が飾ってあったが、敗戦にともないそれらが撤去され、日本人学校そのものがなくなった。

最強と言われた日本帝国軍隊が武装解除された。天皇制秩序の権威・権力が一気に崩壊していくのを目の当たりにしたわけである。子どもながらに、「世の中は変わる！」と実感した。これは、私の戦後左翼経験への原体験だったろう。しかし、こうした感じ方は、兄弟の間で少なからず違っていたかもしれない。兄は機関士職場中心の生活だった。学校や地域での秩序の崩壊をからだごと受けとめた私とは体験の温度差があったかもしれない。そのことが、後に引き揚げ後の兄のあり方と関わってくる。

秩序が崩壊するとともに学校もなくなってしまった。誰も先生がいない生活だ。そのことは、私の人格形成において大きな意味をもったにちがいない。私はある意味、日本帝国主義の敗北によって、「故郷喪失者」になった。

●立場の逆転

植民地の中で、日本人は朝鮮人をいじめぬいていた。日本の憲兵たちは横暴で威張っていた。日本の敗戦は立場を逆転させる。炭鉱などでは、日本人が朝鮮人になぐられたりした。日本人の大人たちは戦々恐々としていた。朝鮮人は日本人にはもちろん、ロシア人にも差別されていた。その怒りが敗戦後の旧植民地社会に噴出した。

これに対して父は、ある意味で狡猾に振る舞ったようだ。酒屋をやっていた事情が幸いした。父は朝鮮人たちに酒を飲ませては機嫌をとったようだ。そして朝鮮人の怒りをまるめこんでしまうのに成功した。

もっともそれだけではない。父や母のサハリンの人々との関わり方が、私たち家族にとってささやかな幸運をもたらしたと思えてならない。父は商売人だが、「無いところからは取れない」という考えをもっていた。母にいたっては、酒屋で貧しい客たちがちょろまかしても、見て見ぬふりをしてしまうお人よしだった。子どもの私は、客が「二杯飲むよ」と言いながら、三杯も四杯も飲んでいるのを目撃したものだった。

こうした我が家族の「いい加減さ」が幸いだったのではないか。サハリンに生きる朝鮮人たちから、日本人の我が家が恨まれるということはなかったのである。

●子どもたちの世界

帰れない私たち少数の日本人の子どもたちは、毎日ロシア人の子どもたちを友として暮らすことになった。とくに仲良かったのは、ローニャとワーニャという名の姉妹だった。ある日、彼らが家の前でスキーをやっていたときだ。雪で服がビチョビチョになるのを可哀想に思い、家の庭で干してあげたことが、親しくなるきっかけだった。彼らと毎日スキーをしたり、ブランコをしたりして暗くなるまで遊んだ。言葉は片言のロシア語と身振り手振り。子どもの世界はそれで十分わかりあえたのだ。

当時、黒パンが何よりの食事だった。彼らは、子どもながらに私たちに黒パンを持ってきてくれたりした。ロシア人たちは我が家に来て、ストーブをペチカにした。それにボルシチェをつくってみんなで食べた。漁村の「浜の共同体」で育った母は、今度はサハリンの多民族共同体の住民として、地域の人々と仲良く暮らしていたわけである。母は北海道に帰った後も、浜の人たちのためにイモを使ってボルシチェをつくり、浜のみんなに「おいしい」と言われたことを喜んでいた。そういう母だった。

朝鮮人の日本人への怒りを私は子どもながらに感じていたが、そうした大人の世界の問題が子どもの世界に直接持ち込まれることはなかったように思う。特にロシア人は、子ども同士は民族を越えて仲良くなるものだという考え方をもっていたようだった。そのことに、サハリンにおける少数民族になった私たちは救われたのだろう。

学校なんてものはない。だが、地域の自然な人間関係で、民族を越えた〈子どもの共同体〉が、自然発生的に生まれていたのかもしれない。帝国主義国家や制度の崩壊期、そのある瞬間に、自然発生的な多民族共生社会が生まれたのだろう。

●運動オルガナイザーを生みだしたサハリン経験

私が後年、誰とでも仲良くなる性格はこうした体験に裏打ちされているのではなかろうか。どんな人間とも、気持ちを交流しあい、彼らにまっすぐに語りかけていく力――そういうものを、私はサハリンの生活のなかから自然に獲得していったような気がしてならないのだ。私自身は無我夢中で走り抜けていたが、国労青年部運動のなかで、「若者の心をつかむ」力がある「演説の牧野」などと言ってもらえたことも、みなその原点は、子どもながらに植民地崩壊期のサハリンでロシア人たちと交流しあった経験が基礎にあったように思われる。オルガナイザーとして毎日各地を走り回る生活を送るようになるのも、こうした幼少の体験と関係があるにちがいない。

三　引き揚げ、戦後の混乱期に

●引き揚げ

一九四八年ごろだったと思う。私たち家族は北海道の留萌《るもい》に引き揚げてきた。引き揚げ船で祖母が亡くなった。父の背中だった。引揚者が持って帰った荷物は、父が大工道具、兄は本ばかりだった。その本を売って、当座の生活の支えにした。父はもともと留萌の三泊《さんどまり》――ここは昔、ニシンの産地だった――の船着場の権利を持っていたが、サハリンに行っているうちに親戚筋に「名義」が変えられていた。戦後の混乱期には、「名義」そのものに意味がなくなっており、そこに住み着いていたものが実質的な所有権をもってしまっていた。当時は、親戚関係と言えども、食うか食われるかの関係になっていたのだ。祖母の葬式だけ出させてもらって引き下がった。父は何の技術もなかったので、日雇いの肉体労働をやるほかなかった。母も農家でアルバイトをした。父のわずかの稼ぎを中心に、貧しい家族の「戦後」が始まったのである。

父は戦後の政治への関心も旺盛で、毎日欠かさず新聞を読んでいた。

私は一家が食うために働いた。闇米を探すのが私の仕事だった。農家に行って大事にしていた母の着物や父の洋服を、米と交換してくれないかと頼むわけだ。こういう連中が何十人と農家に押し寄せる。農民も人が変わってしまい、相手の足下を見るようになっていく。貧しさ、食糧難が人間をおかしくし、変えてしまうのをまざまざと目の当たりにした思いだった。

●兄の変貌

引き揚げてきた私たち家族にとって、牧野家の希望の星、大黒柱だった兄の変貌は痛ましいものだった。兄は頭もよく、実に繊細で感受性の豊かな人だった。それがために、一九四八年に帰還して以後の日本社会のあまりの変貌ぶりに衝撃を受けてしまったわけである。兄は真っ直ぐに生き、言われたことを誰よりも実直にやり遂げる青年だった。そして戦時中の日本社会を信じていた。その社会が崩れたことを目の当たりにし、パニック症になってしまったのかもしれない。兄はあまりのショックに、躁うつ病を患うようになった。

母は悲しみにうちひしがれながらも、必死に兄の治療のために奔走した。その結果、新興宗教にも引っかかった。言うとおり各家に回れば兄が良くなる、と言われ、子どものために一生懸命歩いた。

占い師に「今日は北へ行けば治す人がいる」と話を聞いては北へ走った。「今日は北」「今日は南」と私も母に連れられていっしょに街を歩き回った。法華さんのように太鼓をぽんぽん叩いて街を歩く。しかし、そこで集まったお金を、その宗教団体に吸い取られてしまった。そうしているうちに偽宗教だということがわかった。兄を救うためには、何にでもすがりつきたいという、母の必死さが悲しかった。

そしてある日、兄が行方不明になってしまった。ようやく見つけたときには、彼は旭川の病院にいた。手術が失敗し、頭に穴をあけられた兄がそこにいた。明らかに病院側の責任であった。しかし医師が眼をつぶってくれと言うので、私たち家族は結局訴えなかった。兄は大変な読書家であった。毎日、本屋にあらわれていたという。そして墓場へ行っては本を読んでいた。あのシーンと静まり返った場所が、自分を呼んでいると感じたのだろう。「兄がいない」と思うと、だいたい墓場で本を読んでいた。六法全書や大きな辞典なども大事にもっていたのが印象的だ。死ぬまでたくさんの本を読んでいた。

私は、父の政治好きと同時に、兄の向学心とを何ほどか受け継いでいたのかもしれない。

●沖津先生

私は中学校に行こうとしたが、教育委員会はどうしても受け入れてくれない。小学校をまともに出ていないことが理由のようだった。敗戦のときの事情を無視した役人的な体質を思い知らされた。そうしたなかで、一人の中学校教師が、毅然として強く主張し、私を中学校に引き受けてくれた。もっとも労働に忙しかった私は、学校に行けない日も多かったのだが。

その先生――沖津日出男先生は敗戦前、陸軍中尉だった。寡黙な人だったが、力強く行動する先生だった。先生は授業だけでなく、山に行ったり、高山植物の美しい所寒別に行ったり、いろんなところに連れて行ってくれた。先生と語り合った日々を忘れることはできない。先生はポケットに写真を入れていた。ある時、それを取り出して、「こういう風になるなよ」と静かに力をこめて語った。そこには軍刀をもった沖津青年が写っていた。先生は私を気に入って、その写真をくれた。私は今も大事にその写真をとってある。この先生に決定的な影響を受けた。その後の私の生き方の基礎に、先生の教えがあると思う。

誤った戦争、そのなかでの軍隊「規律」への服従が、いかなる悲劇を生むことになるのか――そのことを、先生は写真とともに、生きる姿勢のなかで示唆してくださったのである。後年の私の平和運動への取り組みの精神的基礎がここに築かれていった。しかし、実はそれだけではない。後の私の国労運動、職場闘争を支える原点がここにあった。沖津先生は、私にこう語ってくれたのではないか――「偽りの規律に服するな」と。

当時は修学旅行があっても、子どもの三分の一は行けないくらい貧しかった。私も行かなかった。教科書も子どもには行きわたらない状況があった。私の成績はわりあいに良かった。戦後学校に行かない数年のブランクがあったにもかかわらず、ずっと日本にいた子達よりも私の方が成績は良かった。そのことを後に、母が私の妻に自慢げに語っていたようである。私は高校の試験を通してもらったのだが、金がないので、通うことはできなかった。私は高校に行くことはできなかった。商店で配達のアルバイトをしながら、家計を支えるべく日々働いていた。

第二章　国労運動と革同・共産党
——五〇年代職場闘争・地域労働運動を駆け抜けて

一　国鉄就職

●面　接

そんなある日、新聞広告で国鉄の求人が出た。私は受けてみることにした。私は何より「国鉄に入れば食いっぱぐれることはないだろう」と考えた。しかも寮つきである。だが倍率は高く、四〇〜五〇人中三人しかとらない。

私は幸運だった。兄がハリンの教習所で習った先生が、私の面接官だったのだ。その人はベテランの機関士で、親分肌の温厚な感じの人だった。その人の配慮もあったのだろう、私は高い倍率をかいくぐって合格した。この面接官はその後、何度も兄に会いたいと語っていた。私はそれを聞くたびに、心苦しかった。兄の様子は、とても人と会えるような状況ではなかったのである。ベテラン機関士に惚れ込まれていた青年——私の兄。彼の存在なしに、私の国鉄入社はありえなかったろう。そして、このようにして入った私自身が、国鉄の反逆児になっていったということ——これは歴史の皮肉としか言いようがない。

幸運は続いた。合格して直後に結核にかかってしまったときのことである。本来なら結核と分かったら、落とされても仕方がない。しかし、医者が可哀想だからと配慮してくれ、通してくれたのである。当時は結核が蔓延していた時代である。このくらいのことで落としたら可哀想だという配慮があったのかもしれない。また兄を教えていた面接官が口をきいてくれたのかもしれない。後で聞いたら、その医者は札幌鉄道病院の薬務部長だった。私は入社直後に入院した。その医者とは思わぬ場所で、その後も付き合うことになる。国労運動の団体交渉相手として。「こんなところで会うとはね」と言った彼の言葉が今でも耳に残っている。

当時の給料は二〇〇〇〜三〇〇〇円だったろうか。今で言えば一〇万円にも満たなかったろう。自分の生活で手一杯という水準だ。しかしそれでも、私にとっては助かったのだ。このようにして国鉄に入社した。一九五一年のことである。初めは寮生活だ。一〇畳間に四人で生活し私以外はみんな先輩だった。一七歳の頃のことである。

●最初の職場

国鉄に入った私は札幌に出た。学校にまともに通うことができなかった私の、最初の職場は札幌鉄道管理局のお茶くみだった。

三階の総務部の近くに大きな釜があり、お茶くみが集まっては各階に運んだ。その仕事を一年弱続けた。お茶くみ係は一〇人くらいいただろうか。彼らは、各課に配置され、お茶くみや小間使いをやらされた。私が配置されたのは運転部だった。この部署は、ダイヤを組んだり、列車を増発したりする、いわば国鉄の心臓部だ。優秀な連中が集まっていた。有能な彼らの働きぶりを見て、たいしたものだと思った。

お茶くみは、私以外にはスポーツ選手が多くいた。例えば野球部。野球の「札鉄《さってつ》」チームは、社会人野球としては、当時なかなか強かった。他にもスキー部、バスケ部、サッカー部などの選手がお茶くみとして働いていた。いっしょに働く彼らの筋肉質の身体は、実にたくましかった。同期で無芸な者は私くらいだった。片やノンプロ選手、片や無芸の若者。同じ同僚でも住んでいる世界が違う。友達になることはなかった。しかも彼らは午前中に少しお茶くみをした後、野球の練習に行ってしまう。そして無芸の私が残される。あの、ポツンと取り残されたような気持ちはたまらなかった。若い私には、これは実にこたえた。

私はこのお茶くみ仕事をいやになってしまった。人によっては何年もお茶くみをやる者もいたが。思い余って「札幌の駅に行きたい」と希望を出した。その希望はなんとか通ったのだが、今度は札幌駅の駅長のお茶くみをさせられた。

二　札幌駅の職場で

●駅での仕事――貨車の入れ替え

駅では他にも切符切りや出札の仕事があった。しかしこれらは私の気性には合わなかった。当時はまだ戦後の混乱期である。列車が頻繁に遅れる。今と違って駅員には十分な情報が入ってこないから、客に丁寧な対応ができない。「次の列車はどうなる?」という客の問いに、「わかりません」「もう少しお待ちください」としか言いようがない。改札で怒る客ともめることもしばしばだった。そういう仕事には就きたくなかった。

そうかと言ってお茶くみは絶対いやだ。駅構内に行くと、貨車に乗っている労働者の姿が実にかっこいいではないか。私は貨車で働くことを希望した。それを聞いた上司は「貨車に行きたいという奴は初めてだ」と言った。その上司とは、その後JRの大幹部となった松田昌士の父親である。松田昌士は井手正敬、葛西敬之と共に「国鉄改革三人組」と称され、日本国有鉄道(国鉄)の分割民営化の旗を振った。JR東日本社長をつとめた男である。

私はその時、上司の言った言葉の意味が全くわからなかった。

●操車場(ヤード)の現実

私は貨車の入れ替えの仕事に配置されることになった。私の仕事場は、国鉄における、操車場(ヤード)であった。操車場とは鉄道における車両基地のひとつで、貨物列車などの列車編成の組成・入換えなどをおこなう場所をいう。

私の従事した仕事は次のようなことだ。当時は特に地方の場合、貨物も客車も一緒のことが多かった。この二つを連結したり離したりするのが私の仕事だった。この仕事には力も要るし熟練も要る。連結を乱暴にやると、ガーンと音がし、中のものが壊れかねない。職場では「たまご連結」と呼ばれていた。つまり、卵すら割らない、そのくらい静かなデリケートな作業だというのだ。「カチャン」と〈卵連結〉が完了したときの快感はたまらない。

しかし、貨車の入れ替え作業を通じて、労働者の待遇の悪さを痛感させられた。貨物関係ということもあり、勤務は夜勤が多いのもこの仕事の特徴だ。賃金は踏み切り番の仕事の次に低い。雨の日、雪の日はことさらにつらい労働が待ち受けている。夏になると草が生え、「仕事をしながら草をとれ」と命令される。冬の雪の日には、二メートルも降り積もった雪のあいだの塹壕のような狭い場所で、危険な連結作業に従事するのであった。雪の上から足を滑らせて転落してしまう危険とも背中合わせだった。しかも労働者は事故などが起こると、その責任をとらなくてはならない。

それだけではない。当時のヤードでは、労働基準法などないも同然の状態で、超勤に継ぐ超勤だった。

貨物の入れ替え作業、操車場（ヤード）の仕事は、「国鉄の炭鉱だ」と言われていたくらいだ。最近、小林多喜二の小説『蟹工船』が多くの人に読まれていると聞く。まさにヤードは、戦後日本の「蟹工船」だったと言えるだろう。「貨車（つまりヤード）に行きたいという奴は初めてだ」という上司の言葉を、私は過酷な労働実態のなかで、心底痛感することになったのである。

ヤードは青年労働者中心であり、この過酷な労働条件に、不満が蓄積していたのである。

今にして思えば、この貨車の現場労働、ヤードこそが、私の「労働者意識」の目覚めを強く促すことになった。

●操車場（ヤード）の仲間たち

ヤードの職場は年輩も若者もいっしょに共同作業するのが特徴だった。いつも団体で行動する。それだけ命に関わる仕事だったからだろう。世代を越えた団結の強さが特徴的であり、そういう職場で私は育てられた。熟練と同時に体力勝負の仕事で、先輩たちには屈強な身体の人が多かった。

貨車の仕事場で働いていた仲間たちは、みんな私の年上だった。彼らはほとんど二〇代、三〇代で家族持ちもいた。みんな、黙々と仕事をするタイプの労働者たちだった。一八歳の私は職場の最年少労働者だったわけである。

仕事にはプロ意識をもたなくてはならない。そうしないと、仲間たちはけして認めてくれはしない。だから一生懸命仕事をした。夜勤仕事をこなし、仮眠をはさんで朝まで仕事の日が多かった。私は、仕事に誇りとプロ意識をもった貨車連結の職場の仲間、先輩たちとの日常的な関係のなかで、その「仕事意識」において強烈な影響を受けていった。それは、その後今日に至るまで、私の運動観に深く刻まれていると思う。

しかし、きゃしゃな身体の私は、この重労働が自分には向かないことを、少しずつ感じるようになっていた。先輩たちの中にも、私に「お前にこの仕事は向かない、もっと別の部署で働けるように努力したらどうだ」と言ってくれる人もいた。私も、ぼんやりとそんなことを考えるようになっていった。

●踏み切り番

駅の仕事には、他に例えば、踏み切り番の仕事がある。当時は踏み切りの機械がない時代である。自動車は三輪車やワゴン車であり、馬車も通っていた時代である。労働者は列車のスピードをつかんで、同時に渡ってくる車のスピードも考慮しながら、踏み切り番をしなくてはならない。列車ごとにスピードが違うのだ。彼らは列車が来ないときでも気を抜くことが許されない。彼らの労働は責任が重く、熟練が必要だ。にもかかわらず、彼らの給料は少なく、待遇は悪かったのである。国鉄のなかで最も下のランクの賃金ではなかったかと思う。

●昇給制度、身分差別

当時の現場労働者は、昇給への不満ももっていた。全体の六〇%しか昇給できないようになっていたのである。一〇〇人いれば六〇人しか昇給できないわけだ。これは、労働者間に差別をもちこむ、労務管理、当局の職場支配の手段として、フルに利用されていたのである。とりわけ、この六〇%昇給では、青年労働者が年輩の労働者に比べて、大きく差別された。家族をもたない若者たちは、昇給差別にさらされていたのである。

過酷な労働条件に置かれながら、賃金面でも差別されているのが、ヤードで働く青年労働者の実態だったのである。

差別は、国鉄内部の職階制によって基礎づけられていた。小学校しか出ていない労働者は「手職」という身分に、中学校に行ったものは「係職」つまり事務職につく。私は、「連結手」という手職身分であった。手職には作業服しか与えられない。係職につくと、羅紗の服をもらう。私たちは、作業、賃金だけでなく、服装でまで差別されていたのである。

●下層労働者

当時の国鉄の現場労働者は、日本の労働者階級のなかでも、下層に位置するものだったと思う。賃金も低く、労働条件も過酷だった。機関士、運転士は国鉄労働者の中の花形であり、魅力的な仕事だったが、それ以外の労働者は、下層労働者的色彩を色濃く帯びていた。

北海道の場合、国鉄労働者の半分くらいは半農・半鉄と言われ、農家の仕事も抱えながら生活していた。

冬の保線労働の過酷さは、また特別だった。大量の除雪労働が待ち受けている。一面雪で真っ白ななか、スコップでひたすら除雪作業を行う。過酷な肉体労働で、しかもそこでも、労基法（労働基準法）と無縁の労務管理がまかり通っていた。この部署では、臨時工、季節工が多かった。あまりに過酷な労働に、彼らはほとんど定着しなかったように思う。ここでも、賃金要求、時短要求、そして休憩所・小屋を作れという要求が渦巻いていた。

●「怖いものに近づかない」

こうした不満の鬱積にもかかわらず、こうした状況に抗して、労働者たちがすぐに立ち上がっていくということはなかった。そこには働くものの保守性を痛感せざるをえなかった。

そして、そもそも私たちの先輩に、私たちを導く労働組合活動家はほとんどいなかったのである。また、私が入職してしばらく後の職場の状況は、少数の共産党系の組合活動家に対する職場での信頼は失墜していた。彼らが職場に入っても、労働者たちは近寄ろうとしなかった。ここには「怖いものに近づかない」という労働者独特の直感のようなものが働いていた。労働者の内側にまでしみこまされた、保身の心性を、感じさせられたのである。職場は、当局の圧力だけでなく、見えない力によって、萎縮させられていたのである。

こうした保身の心性は、いったいどのような歴史的経過のなかでつくられていったのであろうか。ここで私が入職する前に、戦後直後の一時期高揚した国鉄労働組合が、こうむらなければならなかった深い傷跡について、触れないわけにはいかないだろう。

三　レッドパージの頃

●占領政策の転換

私が国鉄に入る直前の状況についてふれておこう。

日本帝国主義を敗北させたアメリカ占領軍が、共産党や労働運動に友好的であったのはごく短期間のことだった。アメリカは早くから日本を「反共の砦」にしようとする政策に転換した。その転換が日本の平和と民主主義、人民の生活に直接関わってきたのが、一九四九年から一九五〇年にかけてのことだった。この時期は大激動の時期だった。四九年一〇月一日、中国革命が勝利し中華人民共和国が成立した。そして翌一九五〇年六月、朝鮮戦争が始まった。日本はアメリカ軍の後方基地となっていった。

私はまだ一五、六歳のころである。世の中が動いているということは感じたが、何が起こっているのかよく分からなかった。分かるようになったのは、私が国鉄に入った一九五一年、私が一七歳になって以降のことである。

私が国労運動に参加するようになったのは、ちょうど職場に「定員法」による首切り、レッドパージが吹き荒れた直後のことであった。

●「定員法」「レッドパージ」

第三次吉田茂内閣は、一九四九年五月、「行政機関職員定員法」を成立させた。そして、国鉄、郵政を中心に官公庁の職員一六万人の人員整理を決定した。国鉄では九万五千人の労働者の首切りだった。すでに前年の四八年には官公労働者のスト権が剥奪されていた。首切りの実態はすさまじいもので、下山（七月六日）、三鷹（七月一五日）、松川（八月一七日）といった謀略事件が次々と発生するなかで強行された。だが、国鉄労組はストひとつ打てず、わずか一〇日間で首切りは強行された。その中で共産党員はねらい打ちとなった。東芝をはじめとする民間産業を含めて一〇〇万人が首切りされ、そのなかで二〇万人に及ぶとされた共産党員たちが職場を追放された。

「定員法」（一九四九年）に続く労働者とくに共産党員とその「同調者」に対する首切りは、朝鮮戦争が始まった一九五〇年六月二五日から一ヶ月余のあいだに、米軍の絶対命令を受けて行われた。新聞、放送、電産、私鉄、鉄鋼など五二七社で一〇、九七二人が、政府機関では大蔵省、農林省、海上保安庁など一七省庁で一、一九六人が有無を言わさず職場から追放された。「赤」追放＝レッドパージである。この時の国鉄は四六七人だが、前年の九万五〇〇〇人首切りにより、五〇〇〇人～一万人とも言われていた共産党員のほとんどが首を切られていた。国労では「定員法・レッドパージ」を一連のものとしてとらえている。

●職場放棄戦術の悲劇

このような権力による労働運動への徹底した弾圧が行われる一つの契機となったのが、北海道から始まった国労の青年活動家たちを中心にした「職場放棄戦術」であった。

北海道・管内の狩勝トンネルは、漏水と熱気と煤煙とで「魔のトンネル」と言われていた。急傾斜、長いトンネルを、機関室一杯になる煙にむせびながら抜ける、当時の蒸気機関車の機関士にとっては、まさに魔の難所というべきであった。組合は、トンネル改修と列車牽引定数の三割減を要求していたが、当局がまったく誠意を示さなかったことによって事態を深刻化させていった。一九四八年六月二六日、北海道新得分会の分会長・柚原秀夫が進行中の列車に投身自殺をとげた。遺書には「凶暴な当局に反省をうながす」と記されていた。この事件が北海道国労青年活動家層の怒りと戦意をたかめていくことになる。そして同年八月一日、同じく「魔の狩勝トンネル」で機関助士が二名窒息して倒れた。ここにきて青年組合活動家たちの怒りは頂点に達した。憤激した五名の青年労働者が、自殺した柚原分会長の墓前に集まって「民族独立柚原青年行動隊」を結成し、六日午前零時を期して職場離脱宣言し、宣伝、扇動の旅に出た。まさに窒息させられるような圧制に対する、純粋な青年労働者の怒りの爆発だったのである。

行動隊は全道に散って、宣伝活動を開始し、全道からの参加によって行動隊は四〇〇名にふくれあがった。こうした職場離脱闘争は急速に広がり、さらに本州へ、そしてやがて九州にまで波及していくことになる。この運動を担っていた多くの者は、若き共産党員たちだった。一九四八年に全国で一四八九名が職場離脱していった。

しかし、こうした絶望的な闘争形態は、さらなる悲劇を生み出していく。逮捕者一〇一七名、免職処分者一〇〇二名にのぼり、多数の犠牲者を生み出していったのである。

この事件は全国的に国労青年運動に大打撃を与えていくことになる。とりわけ、職場離脱闘争発生の地、北海道の青年労働運動は、これを機に、徹底した当局の弾圧にさらされ、運動としてはほぼ壊滅的な打撃を受けるに至ったのである。私は後に国労青年部運動に加わっていくのだが、私の先輩にあたる北海道の戦闘的な国労青年活動家層は、この事件でほぼ一掃されてしまっていたのである。後の世代の青年たちは、いわばゼロからの出発を余儀なくされていたのだった。

●パージに協力した民同

国鉄労働組合札幌地方本部はいわゆる民同（国鉄民主化同盟）系の組合活動家が指導部を握っていた。彼らは職場管理を強化する当局に対して妥協的で、むしろ当局と一体になっていた。定員法・レッドパージによる首切りを自分たちの勢力拡大に利用していた。

定員法・レッドパージでは、鈴木市蔵国労副委員長以下共産党員のほとんど、革同では高橋儀平書記長ら多数がパージされた。国労本部の民同指導部は「首を切られた者は組合員に非ず」として組合の会議に出席することを拒否した。歴史的な裏切りであった。

この定員法・レッドパージによる傷跡がいかに深いものであるか――その後、私は何度も繰り返し思い知らされることになる。それだけではない。実はこの傷跡は、分割民営化とたたかう現代の国労運動にまで、大きな影響を及ぼしていくことになるのである。その点については、本書の後半で触れることもあるだろう。

●統一委員会と共産党の分裂

私はずっとのちになって、そのころの共産党徳田球一書記長と鈴木副委員長とのやりとりについて知ることとなった。

鈴木市蔵

鈴木市蔵（一九一〇〜二〇〇六）は一九四七年の「二・一ゼネスト」では中央闘争副委員長。一九四九年国労琴平大会で副委員長に就任したが、「定員法」で免職。一九五〇年に党臨時中央指導部員、一九五五年に労働組合部長・幹部会委員を歴任する。党労働組合対策部長であった一九六二年参院選全国区で当選。しかし、一九六四年、党の方針に反して部分的核実験停止条約批准に賛成したため志賀義雄らとともに除名。

民同指導部によるパージの際、徳田は鈴木を呼び、「即刻、組合を割って出よ。そして組合の金庫を持ってこい。青年行動隊を待機させている」と指示した、という。しかし、鈴木は渾身の力を込めて「それはできません！」と拒否した。「ではどうするんだ」との徳田に対し鈴木は「分裂させずに統一委員会をつくって将来の再統一をめざします」と答えて認めさせたそうだ。最悪の場合でも組合分裂を避ける。この思想と運動は大きな影響を与え、電産などの他労組にも「統一委員会」は波及した。共産党の六全協（一九五五年）はこの方式を「反幹部闘争」の誤りと規定、以後の評価は定まっていない。私の親友・徳沢一は、九州におけるこの「統一委員会」の出身である。

一方、一九五〇年は共産党にとって悲劇的な年でもあった。この年の一月、共産党はコミンフォルム（共産党・労働者党情報局）から公然とした批判を受けた。「アメリカ占領軍のもとでも平和革命は可能」という野坂参三の理論は間違いであるとする批判だった。これを受け入れる「国際派」と、批判に反発する「所感派」に分裂して、党内は大混乱に陥っていた。「所感派」は徳田球一らが地下に潜行する一方で椎野悦郎を議長とする「臨時中央指導部」の確立を「アカハタ」紙上で発表した。

鈴木市蔵の回顧――新しい活動家たちの登場

鈴木市蔵は著書『下山事件前後』（亜紀書房、一九八一年）で次のように書いている。

「統一委員会の活動は悪戦苦闘の連続であった。大森の民家を借りて、そこに籠城することになったメンバーは、チビ下駄をつっかけながら品川の構内に行商に出かける毎日を送った。行商の中身は主に昼飯のコロッケ売りであった。機関誌『国鉄戦線』はそうした苦闘の中で発行され、職場にもちこまれた。私はリュック一つ肩に全国を行脚して廻った。当時の金で二〇円の入場料をとりながら函館から長崎までの遊説の旅を続けた。こうした闘いの中で、新しい活動家のいく人かが地方に現出した。思い出すままにそうした活動家を追ってみると、九州の徳沢、北陸の細井、新潟の中村、東京の矢吹、勝俣、広島の本間……、大阪、京都、福井などのあれこれの人材が発掘されている。再建の基礎は意外に弾力性をもっていたし、それに迅速ですらあった。国鉄闘争がそうした力量を生み出す源泉であった。」

●新たな鼓動

当時の私はそうした中央での事情を知るよしもない。職場での労働者の状況があまりにひどかったから組合の集会に積極的に参加していた。私が入った五一年六月の国労第一〇回大会（新潟）のことを覚えている。のちに、おそらく先輩たちから教えられたのだろう。この大会では主流派が敗れ、左派・反主流派の「平和四原則」が採択された。

「平和四原則」

この大会で反主流左派の提起した「平和四原則」が圧倒的に可決された。「三原則」〈全面講和〉〈中立堅持〉〈軍事基地反対〉に〈再軍備反対〉を加えて「四原則」となった。中闘ではこの四原則を否定する右派（星加副委員長）提案が委員長の二重投票で一八対一七で辛うじて可決されたものの、大会では、左派の横山利秋提案が賛成二九二、中闘提案一二三、無効一、白紙二となり、会場では座布団が乱れ飛んだ。ほぼ同時期に日教組も「平和四原則」を決定したため、その後、総評のほとんどの単産に波及することになった。

まさにその時期に、私は労働組合活動家、職場活動家としての歩みを開始したのである。

四　革同・国労青年部・共産党

●ゼロからの出発

職場離脱闘争の敗北、うちつづく弾圧によって、私たちの先輩たちは、職場から一掃され、職場は専制支配の下で萎縮していたのが、私が駅で働くようになった頃の状況であった。しかし、当時の私は、そうした歴史的な前史を知るよしもなかった。ただ、今、この場の労働実態への不満、怒りが、日々の仕事の中で大きくなっていったのである。

貨車の仕事をしながら、この過酷な労働条件を改善するべきではないかと感じるようになった。「条件を改善するったって、どうする?」という仲間たちの問いに対して、これは労働組合の要求としたらいい、と考えた。ある時、私たちの組合支部から青年部代議員を出すことになって、誰が行くかという話になった。私は、組合青年部の代議員に立候補し、先輩たちもそれを受け入れた。

私は当選した。一〇代後半の、最年少のキャシャな青年労働者が、過酷な肉体労働職場の組合リーダーとして、押し出されていったのである。

重労働には向かない私の「働き場」、役割を、期せずして先輩たちが認めてくれたということだろうか。そこには、彼らをとりまく劣悪な労働環境があった。不満はくすぶっていた。誰かがこのエネルギーに火をつけなくてはならない状況だった。その時の私は一番身軽な若者だった。つまり、妻子をもち「上司に睨まれたくない」という、しがらみを抱えた「大人」の立場とは全く無縁の、失うものの何もない一青年労働者が、彼らの代表として押し出されたということなのかもしれない。

当時、直前に起こっていたレッドパージ弾圧の悲惨さを、全く知らなかった一人の青年が、「知らない者」の強み、大胆さで、労働組合運動のなかに入っていったのである。

●要求は山ほど

要求は山ほどあった。夜勤のときの寝具をきちんとしてほしい、ちゃんとした枕を用意してくれ、休憩時間を保証しろ……。もちろん駅で働く最底辺の労働者の労働条件〈底上げ〉運動が求められていた。先輩も私もそういうことが切実な課題だった。私は貨車連結職場に入って一年くらいで、組合の札幌駅分会の役員になる。そして組合活動の中で、そうした要求を一歩一歩獲得していったのである。

初めは組合の集会に行く、と言うと職制から白い眼で見られた。国鉄労働者は、半年に一ぺんの昇給のチャンスがある。一人ずつ管理の部屋に呼ばれ、「○○号俸にするよ」と言われるわけだ。労働者は当然、この利害に弱い。ただし、私は入社以来、一度も昇給したことがない。最初の頃は私一人で組合の集会に参加していたように思う。少しずつ、一人、二人で行きにくかったら、みんなで行こうじゃないかという話にしていった。

当時の国鉄における、底辺労働者への不当な差別への怒りが、私たちを少しずつ行動に駆り立てていたのだと思う。こういう運動のうねりは、現代のワーキングプアの運動に通じるような気がする。

仕事も一生懸命やった。我々は、よく先輩の熟練労働者から言われたものだ。「自分の頭のハエを追えない奴が、人の世話などするな」と。だから、いっそう真面目に仕事に取り組んだ。夜勤明けに仕事から解放されるやいなや、それからが組合活動にとって絶好の時間になった。いつ眠っているのか……というような日々だった。私は最近まで、立ったまま眠るという芸当をもっていたが、若いとき以来の習慣だろう。

●「革新同志会」への参加

国労に「革新同志会」が、五六〇名余の参加者をえて結成されたのは、一九四八年四月である。国鉄民主化同盟などの流れが国労運動の主流になりつつある時期に、こうした流れが日本の労働運動をやがて右傾化させるのではないかという危機感を感じ取っていた活動家たちによって結成された。この時の結成大会では宣言、綱領、規約、運動方針が決定されたが、そこに流れるのは、国労の団結と統一であり、政党批判の自由、政治信条の自由、階級性の堅持、労使協調主義の排除などであった。この革新同志会は、やがて一九五七年に革同会議に名称を変更する。

私はいつしか革同の活動家になっていったのだが、実感としては、革同というものが、始めから組織的にしっかりしたものとして存在していたわけではない。職場を何とかしたいという下部のエネルギーが、いわば自然発生的に革同という組合内グループ形成へとつながっていったのだった。私が属している札幌駅の職場は、一〇〇人くらいの荒々しい職場だった。私たちは職場でよく自発的に討論した。「今日ここで仕事のあと、意見を持っている人たちは残ってください」と志ある人が呼びかけあい、そして自発的に集まり、討論した。こういうグループの存在が、私にとっての革同の始まりであった。

「革新同志会」

革同（革新同志会）結成にあたって出された「よびかけ」と綱領はつぎのようなものである。この「よびかけ」によって、革同の結成大会は、一九四八年四月二五日一〇時から東京駅大会議室で開催された。大会には、全国からの代表五五〇余名、地元東京は一〇余名が出席した。『国鉄労働組合運動の一翼を担って——革同会議の50年』（「革同50年史」編纂委員会）による。

〈組合員諸君に訴える〉

国鉄労組は、二大潮流の対立によって半身不随の状態にある。今次、上諏訪大会の現状は組合員に対し、右か或いは左に非ざれば組合員に非ずとの印象を与え、その独善的思想と行動は目を蔽《おお》わしめるものがあり其《そ》の結果今や国鉄労組は産報化せんとする危機に至った。

たくましい労働運動の発展を願う吾々は、いつまでも此の儘《まま》に国鉄労組を放置しておけない。是《ここ》に於て吾々はあらゆる勢力に拘束されない立場で、真に自主的な労働運動を推進せんことを誓い「国鉄労働組合革新同志会」をつくった。

組合を愛する諸君、挙《こぞ》って参加されんことを切望する」

「〈綱領〉

一、労働者としての自覚に基づいて、真に組合員の組合とする。

一、偏見を避けたたくましい包容力をもって、健全な国鉄労組の発展を図る。

一、政党批判の自由を堅持して、御用組合化を防止する」

革同は圧倒的に労農党の影響下にあった。革同二〇〇〇人中一〇〇〇人は労農党員と言われた。その辺の革同の性格については村上寛治が次のようにまとめている。

「革新同志会は、国労における左右の抗争（社会党系民同派と共産党グループの対立）が、政府の新給与水準二千九百二十円ベースの是非をめぐって一段と激化していくなかで、一九四八年四月二十五日に、統一を守るとともに、二極対立のもとで発言権を確保する第三の勢力として結成された。だが、それは政治的無色とか、非政治的な組合主義というものではなかった。統一を守る――との主張に見られるように、きわめて政治的であり、革同のイデオロギーは、共産党とは別のもう一つの民同批判勢力だった。……たんなる中間的な勢力ではなく、階級的な立場に立った無党派的統一という性格をもった勢力とみることができよう」（『国労運動史の中の人々』）

こうして革同は、いわゆる「容共左派」だが、共産党とは一線を画しつつ、四九年の一〇万人首切り決戦では共産党とともに左派ブロックを形成して多数派であった。副委員長は共産党の鈴木市蔵、書記長は革同の高橋儀平であり、ともに首を切られた。革同の原点である。

五〇年代の政治闘争と大争議の多く――講和問題や破防法反対の政治スト、日産自動車争議、尼鋼・日鋼室蘭闘争、国鉄新潟闘争、内灘基地反対・軍需輸送拒否闘争などは、革同（日産・益田委員長のような広義「革同」もふくむ）と高野派指導によるものであった。

特に国鉄革同は、労農党（四八～五七年）公称党員二千人の半数を占め、幹部は中執の細井宗一、子上昌幸、大阪・横手真夫、新潟・中村満男、相田一男らが、国労の左への牽引者であった。

革同は、五七年一月、労農党が解散し社会党に復党したことを契機に、「新しい出発」を行い、その多数派は共産党に入党し（社会党復帰組の矢山有作、田中稔男らは「平和同志会」をつくった）、労農党・革同ブロックから共産党系革同に転換した。しかし沼津機関区革同など少数はその後も独立革同として八〇年代まで続いた。そしてかつての左派ブロックと戦闘的左翼性を継承し、動労（革マル派）、千葉動労（中核派）と連携をとり、あるいは「人民の力」とブロック的関係を保つ柔軟な思想性を持っていた。

●「津軽海峡を渡ると色が決まる」

私がこのグループに入っていったのもかなり偶然だった。国労の大会の代議員席は民同と革同とで席が分かれている。最初、札幌支部の大会に出席したとき、私はそうした事情もわからずに革同側の席に座ったのだった。すると民同系の活動家に「お前、革同側に座るのか」と嫌味を言われた。当時の私は、革同―民同対立の意味がよくわからなかったのだが、そんな風に他人に言われるのは不愉快だった。

もっとも、代議員会に出席するたびに、少しずつ「活動家の仲間」がほしいと思うようになった。つまり活動家集団を自然に求めていったのだろう。だんだん革同側に自覚的に座るようになっていった。

こうした下からのエネルギーに加え、左派活動家たちの全国的なネットワークも生み出される。北海道の国労の地区大会や、国労の全国大会のたびに上京する中で、地域を越えた左派活動家の交流が深められていった。「津軽海峡を越えると色が決まる」「革同は津軽海峡を越えて初めて革同だ」という言葉があった。つまり、全国大会に出ると、色が決まると言うわけだ。地域では場合によっては未分化な革同―民同の区別が、全国大会になると、鮮明な対立構造として現われ出るわけだ。全国大会におけるポストの争奪戦が、こうした対立構造を鮮明化させる契機となったろう。

「**津軽海峡を渡ると**」

革同（革新同志会）は、一九四八年に結成され、東京、新潟、広島などが拠点だったが、北海道は全道的に革同が強かった。函館支部の舘俊三委員長は労農党の衆議院議員として当選していたのもその現れである。ここで牧野が「津軽海峡を渡ると」と言っているのは、「全国的な革同のネットワーク」との一体性を言ったものと思われる。

●共産党――私にとっての〈党〉

私は五〇年代前半の革同運動のなかで徐々に共産党に接近していた。周囲の革同の中心的活動家の中に共産党員がいた。一九五〇年代の初頭、共産党は分裂の時代であり、混乱期にあった。そんなある時、私は青年部の活動家に、共産党の集会へ誘われるようになった。過去のレッドパージの挫折を知らない私は、大胆に、恐れを知らず、共産党に近づいていった。

さらに、それからしばらくして細胞会議にまで誘われるようになった。私はいつしか自然に共産党のメンバーになっていった。だから、私はいつ正式に入党したのか、ほとんど記憶にない。入党申込書に記入した記憶もない。党費を取られたこともなく、主にカンパをしていた。今日、こうした事情を奇異に思う人々もおられるだろう。五〇年問題当時の党は、知らない人間が細胞会議に出入りするような状況だった。共産党の会議と大衆的集会・会議との境界があいまいだった。混乱期の無秩序が、共産党の組織のあり方にも及んでいたのである。

そんななかで、私たちにとって〈党〉とは何であったか。それは実態としての「組織」と言うこと以上に、人間としての「誇り」の象徴だったのではないか、と思う。私は日常の組合活動、職場闘争の中でそうした誇りを培い、同時にいっそう高い精神的な誇りを求めていたのだろうと思う。そうした気高い精神、感情なしに、あれだけの自己犠牲的、献身的な闘いがありえただろうか。そうした誇りの感情は、共産党が提起した社会主義革命思想、革命の夢と結びついた。私有財産を否定し、生産手段を労働者階級が我がものとし、自分たち労働者が主人公になる夢。当時はソビエト社会主義の存在と身近な中国社会主義革命の衝撃が日本の多くの民衆に影響を与えていた時代である。職場で闘う誇りと、こうした壮大な夢とが結合していった。

そうした精神の運動が、私の党への接近、入党への連続的な過程を生み出していったのだろう。

そんな当時の私にとって、「いつ入党したか」というイニシエーション（儀式）は、存在しなかったし、そのことにあまり意味もなかった。

「統一委員会」（徳沢一のはなし）

徳沢は牧野より四年先輩で、一九四七年に国鉄に入社している。列車の組成計画、貨車の中継記録の仕事に従事した。定員法、レッドパージ後、統一委員会で活動し、のちに革同に合流している。民同のリーダーで快男児・武藤久とともに、北九州で戦闘的な国労運動を展開した。以下はその証言である。

《ワシは一九三〇年生まれ。福岡の共産党に入党したのは一九五〇年だ。そもそも「革同打倒」だった。統一委員会やった。

ワシが統一委員会になったのは、飯田七三さんの影響が大きい。飯田さんは、四九年、三鷹事件の被告となり死刑を求刑された人だ。五〇年の判決で無罪となり釈放される。飯田さんは三鷹電車区の分会長だった。彼は統一委員会のオルグだった。半年に一度ぐらいは九州にオルグとしてやって来た。そして私らをオルグした。組合に入ったばかりのワシらに合う話をしてくれた。

「保線には友だちがおるか」「機関区にも友だちをつくれ」「友だちは何と言っているか。どんな話をしてたか教えてくれ」。そして次に来たときは「機関区には友だちができたか」と聞かれる。そして、ワシらの話をノートに克明に記録していく。「要求は何かを探れ」という生きた指導だったんや。地を這うような共産党員活動家だったな。飯田さんに、「要求にもとづく団結」という労働組合の基本、原点を教えられたように思う。決定的な影響を受けたなあ。まあ、世界情勢からぶち上げる鈴木市蔵と対照的な男やった。地味だが人情のあるオルグやった。私は飯田さんの影響下で統一委員会だったわけだ。

当時のオルグは汽車賃なんかは行く先々でカンパしてもらって行った。飯田さんなどもそうやって九州まで来た。まず大阪まで来てオルグする。そこで広島までの汽車賃をカンパしてもらう。それから門司まで来た。オルグ先でメシを食わせてもらう。そんな状況だった。

中央では、産別会館に三つの勢力がそれぞれ陣取っていた。民同と革同、それに統一委員会だ。三派鼎立という状況の時代があった。国労の共産党員たちは、四九年のレッドパージ後、追い出されてから西ヶ原寮に陣取っていた。そこには子上らがおった》

《レッドパージ後の地区委員会の組織は大打撃を受けていた。ワシが入党したのはちょうどそのころ。国鉄では二人しか党員は残っていなかった。

「おたくの盃をくれ」と言って、ある日、地区委員会を訪ねた。すると（入党の）「決意」を書け、という。「労働者階級に生涯を捧げる」と書け、と。「どこに労働者階級がおるね?」と聞いたら地区の奴は往生していた。

党内は国際派と所感派に分裂していて抗争が激しかった。ワシはあまり詳しいことは分からなかった。ただ〈反米〉やった。敗戦を迎えたときは「鬼畜米英」を叫ぶ少年やった。〈反米〉掲げとるのが共産党やったから入ったわけだ。たまたま地区の奴が国際派だったから、どうも国際派だとみられていたらしい。

あるとき、家で寝ていたら、門司から先輩がやってきて起こされた。先輩は「なんでお前は国際派の会議に出たのか」と問いつめられた。「鈴木のイッチャン（市蔵）が新しいの作っとるからそっちへ行け」という。「臨中」のことやった（一九五一年、徳田球一らが公職追放され、椎野悦郎、鈴木市蔵ら八名によって組織された共産党臨時中央指導部）。ワシにはよく見えない話だったが》

●忠実な党員

職場の中で、合理化に妥協する民同、それに根本から批判する共産党という構図が生まれていた。そして共産党、マルクスレーニン主義が主張していた、ナチス台頭に至るドイツ社会民主党の裏切りの歴史は、私たちに民同への格好の攻撃材料を提供してくれた。歴史を勉強すればするほど確信が生まれた。

私はある時期以降、党の決定を読み、それを忠実に受け入れ実行する活動家になっていった。私が組合活動の方針書として書いた文書の多くは、情勢分析などについては、党のそれと引き写しだった。今思うと、とても恥ずかしい。こうした我々の党活動のあり方が、六四年の四・一七問題の悲劇に繋がっていったのだと思う。

共産党の地区機関は現実の労働運動を指導する力を持ってはいなかった。六〇年代に至るまで、地区の常任活動家たちは、とりわけ学生上がりの常任には、労働組合の具体的現実的指導など到底できるものではなかったのだ。我々組合の党員活動家たち自身で運動方針を練り上げていった。こうした指導機関の無力が、地区委員会に止まらないことを、後に私は東京で体験することになる。

共産党への入党は、私の生活態度にも大きな影響を与えた。私は「酒、博打、女はやらない」と誓いを立てたのである。これは、活動家に道徳を求める共産党が、私に与えた最大の影響の一つだろう。

●革同と国労青年部運動

革同は最初、私より年長の中堅世代が始めたように思う。林清美さんという札幌革同のリーダーがいた。中年の活動家だった。彼はもの静かな人で、共産党員だった。しかし、職場ではそうした素振りは、全く見せなかった。普通のまじめな労働者として働いていた。当時の私には、こうした先輩活動家のあり方がどうしても理解できなかった。共産党員なのに、そうした素振りを職場では見せないというのは、「忍者ではあるまいし」と思ったりした。彼の性格ということもあったかもしれないが、より本質的には、レッドパージ弾圧が職場の党員活動家にもたらした痛ましい傷跡だったと言えるだろう。レッドパージの生き残りはただでさえ目立ってしまう。そこで、意識的に目立たないようにしていた面もあるのだろう。林さんのレッドパージ体験が、あのような防衛的なあり方をもたらしたわけである。しかし、時代の動き、職場の状況はそんな消極的なあり方を許すものではなかった。

そこに、そうした停滞的状況を踏み越える私たち新しい世代が台頭した。私たちは、定員法、レッドパージ後の世代である。全国的にもとりわけ一九五三、四年頃に入ってきた活動家層が新しい息吹を運動にもたらした。暗い過去にとらわれない世代だった。こうした青年労働者層が次第にその正義感溢れるエネルギーとあいまって、革同運動を先進的に牽引していった。彼らが一九五〇年代から六〇年代前半にかけての国労青年部運動のリーダー層を形づくっていったのである。この世代の台頭抜きに、革同運動・青年部運動の活性化はありえなかったろう。私もまた、この時代の青年活動家の星雲の一つだった。

私たちは「正しいものは正しい」と堂々と主張するべきだという立場だった。さらに、私はもっと大胆に広範な大衆運動をつくる必要があるという問題意識をもっていた。こうして大衆的な青年労働運動が形成されていく。そして、私のように積極的に労働者大衆に訴えかけ組織していく新しい「オルグ」活動家が生まれていったのである。

それは林さんたちの世代の活動家たちに欠けていたあり方だったと思う。私の国労における活動の中心は、この青年部活動だった。この運動は、国労運動全体をも引っ張っていった。当時、我々の活動を見ながらかつての時代を知る人が「また、共産党が出てきた」と脅威と感慨をあわせて語る人たちもいたのである。

職場で信頼される、人間的に素晴らしいと思う人が革同活動家だった。革同活動家にはそれゆえ、昇進も昇給もない。いわば一銭の保証にもならないのだ。私も昇給しなかった。私が革同に入れた人で、この重みに耐え切れず、その後いつのまにか民同になって出世街道を歩んだ人もいる。そういう生き方は恥ずかしいことだという感覚が、私たちにはあった。革同という活動家集団では、そのような正義感、道義性が人々を結び付けていたのではないか。

この時期、勤評闘争以外にも、王子製紙闘争（一九五三年）、日鋼室蘭闘争（一九五四年）などの労働争議に、我々は積極的に支援していった。こうした闘いの積み重ねが、後の安保闘争を準備していったのである。

五　職場闘争のなかで

●職場闘争のきっかけ

国労運動では、五〇年代以降、職場闘争が展開されるようになる。北海道でもそうした闘いは起こっていた。そのきっかけは、賃金、労働条件の問題もあるが、とても大きいのは、助役・駅長ら管理職による末端労働者への横暴な態度、国鉄の身分格差的な体質にあったろうと思う。助役の中には、軍隊経験をもつものも少なくなく、軍隊の封建的身分秩序を国鉄内部に持ち込むものさえいた。

こうしたやり方に対して、戦後民主主義の洗礼を受けた青年労働者たちが反発を示した。国労の職場闘争論は、こうした現場労働者層の不満と深く結びついていた。「我々労働者を人間として認めよ」という権利闘争として、職場闘争は出発したわけである。

●五〇年代職場闘争とその限界

我々には「職場は労働者のものだ」「職場の主導権は労働者が握るべきだ」という考え方があった。しかし、当局はそれをやらせない。例えば私たち駅の職場では、一〇〇人の労働者のなかで五人くらいしか職制はいない。こういうなかで労働者が主人公になることを恐れたのだろう。

私たちは分会で、駅長や助役たちのところに押しかけていった。多くの組合員がその周辺を埋めた。助役らの多くは四〇代後半から五〇代にかけての世代だったろう。私たちは彼らを厳しく追及した。賃金闘争では、「そんな賃金で家族はどうなるんだ！」と追及した。我々青年活動家の多くに家族はいなかったのだが。団交の最中に、硬い運動靴で、机の下から彼らを蹴り上げたこともある。また「こんなこともわからんのか」と怒り、下駄をはいたまま机の上にあがって歩き回ったこともあった。二〇歳そこそこの若造が中高年管理職を激しくつるし上げていたわけで、今にして思えば冷や汗ものである。

国労は五四年上の山大会以降、職場闘争を基底にすえる運動を進めようとしてきた。とりわけ要員要求や昇給の公平化を求めて、職場闘争を展開した。背景には厳しい合理化があった。特に、五三年から五七年にかけて要員闘争を中心に展開されたが、要員があまりに厳しく抑制されているためしばしば職制マヒ闘争、職場ろう城戦術など激しい戦術が採用された。私は、こうした国労運動の職場闘争路線の先鋭な活動家だったわけだ。私たちの職場闘争も、そうした全国的な傾向の一つの現われだったと言えよう。その後こういう運動のあり方への反省が、なされてくるようになる。組合員のなかには、こんな過激な運動についていけない、という声もあがったし、それが一つの原因で全国的にも組合脱退者が生まれていたからだ。

こうしたことは、職場交渉が公式な協定では不明確だったことにも起因していた。この課題が、六〇年代半ば以降、「職場に団体交渉権を」という運動として、明確に意識されるようになるのである。そうした運動展開に大きな役割を果たしたのが、革同リーダーの細井宗一と子上昌幸だった。その点については、後でまた触れることにしよう。

●動揺する助役

私たちは社会主義革命への確信に溢れていた。助役たちに「いつまでも助役ではおれんぞ」と脅かしたりもしていた。「そのうち天下がひっくり返るぞ」という私たちに、ある助役が「そうしたら私有財産はどうなるのか?」と尋ねてきたことがある。私は「助役以上の私有財産は認めないが、それ以下は認める」と言ったりした。いい気なものだった。

戦後民主主義の新しい価値観と、古い世代との世代対立という側面もあったかもしれない。追及される助役たちにも、そこには一定の分岐があった。助役にはインテリ層もいたから、彼らの中には、中国革命の衝撃、「東風が西風を圧する」という世界史の流れに敏感に反応し、強い影響を受ける者もいたはずである。さらにレッドパージ後の職場の状況を見ながら、共産党に伸びてもらわないと困ると考える良心的な助役もいたと思う。私たちは共産党機関紙「アカハタ」をわざと職場に置いておいたから、それを読んでいた助役もいただろう。戦闘的な労働組合運動の前進による労働条件の向上は、助役たちの賃金向上に連動したという事情もあったであろう。

●ヤミセン活動

私は、駅の分会の役員になったあと、しばらくして国労のいわゆる闇専従《ヤミセン》になる。国鉄から給料をもらいながら、昼間の仕事時間中に組合活動をするのだ。これは私の人生の一つの選択だった。上司の顔色を伺いながら、あくせく昇進をめざす生き方を私は拒否した。また、現場で力強い貨車連結の熟練労働者として生きるには、体力に不安があった。私はもう一つの選択肢――組合人生を選んだわけである。以来、六〇年代半ばまで、組合一筋に生きていくことになる。

朝の出勤点呼の後、ほとんど組合の活動に熱中する。それを駅の助役は基本的に黙認してくれたのだった。たとえば「今日集会があるので、職場をぬけます」とあらかじめ助役にことわっておく。助役は、それを表向き「いい」とは言わないが、何も言わず黙認する。違う日に、助役が「今日は要員が足りないので、職場にいてもらわないと困る」と言うと、私はその通りに従った。彼とはケンカしないようにうまくやるように努力した。あまり仕事をしていないから「すまない」という思いもあった。あの中年の助役の理解なしには、私のヤミセン生活はありえなかった。ヤミセンは国鉄闘争の前進によって、全国的に広がっていく。しかし五〇年代にはまだ一般化していなかった。当時は私のように自由に活動できるヤミセンは少なく、他の地域の活動家に羨ましがられたものである。私は、あの助役に助けられたわけだ。

私は正規の専従者ではないが、駅の分会役員になることで特定の仕事に束縛されることなく、好きな組合活動に打ち込むことができた。それによって、私の視野は貨車連結職場から、多様な職種を抱える札幌駅全体に大きく広げられていくことになる。

しかし、このことは同時に、私を組合活動家として押し出していった貨車連結の〈職場共同体〉から切り離される危うさも生まれた。私は職場共同体から切り離されないように、組合活動の面でも、仕事の面でも職場から浮かされないように一生懸命努力した。

六　札幌地本における革同の前進

(一)　革同対民同

●北海道における民同―革同の対抗

北海道は革新勢力が比較的強い地域であった。一九四七年以降の歴代の北海道知事の座は社会党の田中敏文氏が握っていた。この知事の時代は一九五九年までつづく。田中氏は林政部森林土木係長で、のちに全道庁職員組合委員長を経験していた人だ。

この社会党知事を背景に、民同系労働組合の権力へのすりよりが特徴となった。民同系組合のメンバーが職制になったり、自分たちで勝手にやった時代である。組合中心に他の方面でも社会党の影響は広がった。札幌市すすき野の飲み屋街など、北海道教職員組合（北教祖）の幹部たちを大歓迎していた。彼らがカネを落としたからだ。そのためもあってこの地域には社会党の影響力が広がった。私はこうした状況に対して、逆に民同支配への闘志を燃やしていた。

国労でも役職はほとんど民同がとっていた。にもかかわらず、職場レベルでは革同がひたひたとその力を広げ、五～六割の職場が革同系と言わるまでになっていった。幹部と現場と微妙なバランスが保たれていた。民同と激しい指導権争いを行いつつも、労働組合での共同闘争の中で、民同活動家の良心派グループとの間には、一定の信頼関係も形作られていったのである。

●民同と革同、運動文化の違い

民同―革同両者には、政治的スタンスの違いと同時に、運動文化の違いとも言うべきものがあった。労働組合リーダーは、つねに組合員の支持を得ていなくては成り立ちようがない。これは経営における管理者との決定的な違いである。経営の管理者は、部下の信任を得ていなくても、一応管理者であり続けることはできる。しかし、組合のリーダーはそうはいかない。組合員の支持を得られなくては、組合選挙で落選してしまうからだ。

では、どのようにして組合員の支持を獲得するか。ここに大きな二つの道がある。一つは組合員への物的利益を最大限保証することによって支持を獲得しようとする動き。これは民同労働組合に代表的である。それに対して、労働者解放の理念、理想を高く掲げて組合員を結集していこうとする潮流。これは革同に代表される。実際はこんなに単純ではないが、大きく特徴づけると、こうした傾向は見られたのではあるまいか。そしてこの両者がお互いに侮蔑しあうという構造があったわけである。我々は民同を堕落した幹部連中だと言い、民同は我々を大衆運動を知らぬイデオロギー集団だと非難する。

我々革同について言うなら、理想主義的な傾向、原則主義的傾向が強かったことは否めない。本当は、そうした理想に現実を引き上げていく過程の具体的実践論が重要なのだが、その点に革同の弱さがあったのではなかろうか。我々は民同労働運動を乗り越えることを期していたわけだが、それは今に至るも果たされていないと言うべきだろう。そのなかでも、私は実践を決定的に重視して日々の活動に取り組んだのだった。

●革同の拠点――肉体労働職場

革同が強かった職場は、ブルーカラー、肉体労働系の職場だった。例えば駅関係の職場は革同が強く、私が属していた貨車の連結職場はその中の一つだった。その他にも設計や現場監督を行う工事局、車掌区、機関士……これらはみな革同が浸透し、主導権を握っていった職場だ。機関車の修理、機械関係の工場も革同が拠点になっていく。こうした工場では、熟練労働者・不熟練労働者が半々くらいの職場だったろうか。保線区は民同―革同拮抗していたように思う。対する民同系は、事務職場、ホワイトカラー系に大きな影響力をもっていた。

共同労働の職場――我々貨車連結の仕事などはその典型だった――には、一人、しっかりした活動家が生まれると、分会全体に影響力が浸透していく。肉体労働者の労働現場の苦しみに、我々革同の活動家たちは寄り添い、対話することによって影響力を広げていった。現場労働者は直接目の前の大衆とぶつかる。事務系の場合はそういうわけにはいかない。そのことが労働者の意識にも少なからぬ影響を与えたと思う。

そうしたなかで札幌市内の駅を我々革同が握っていたのは大きかったと思う。特に札幌駅を握ることは、東京では東京駅、新宿駅を握るようなものだ。札幌、桑園などの市内の代表的な職場はいずれも我々の拠点だった。

●義理と人情

「活動家は人から尊敬されなくてはならない」というのが私の信念だった。

眠りたいときも起きて頑張った。先輩や年輩の労働者たちに対しても、自分の働きぶり、活動のなかで自分自身、身をもって示すしかなかったし、現に私はそのために懸命に頑張ったわけである。

若いから甘えが許されるのではなく、若いからこそ、礼儀正しく、義理と人情を大事にしなくてはならない――それが私の人生態度だった。

私は、仲間たちとの信頼関係を築くのに、誠心誠意努力した。仲間の引越しとなればその手伝いをした。大掃除となれば手伝った。統一戦線とは、政治的お題目ではなく、人との接し方だと思う。

こういうこともあった。国鉄の官僚と接していると、態度の悪い連中が多い。国鉄は現場労働者とキャリア組との間に、越えることのできない身分格差が存在していた。エリート官僚には近寄れない、という雰囲気があった。そうした身分格差が国鉄官僚たちの傲慢な態度に反映していたと思う。これは私たちにとっていい反面教師になった。「こんな連中と俺たちとはケタが違うぜ！」という自負、誇りがあったと思う。だからこそ、余計、仲間を大事にし、礼節を重んじることも大事にしていった。そしてそうしたことを、後輩の活動家たちにも指導していった。五〇代の助役たちに対しても、言葉遣いも含めて、配慮するようになっていった。だから、「助役に文句など言われることはない！」と思っていた。

こういう義理と人情、礼節を重んじる作風は、民同との違いでもあったのではないか。共産党員はそこまで行き届かないとダメではないか。そうでないと仲間から好かれない……私はそう思っていた。

こういうあり方は、私自身が活動していくなかで自分自身の信条になっていくのだが、実は革同の活動家集団、とりわけ指導者・細井宗一の影響が大きかったと思う。後で記すことにしよう。

もっとも、革同から民同へ移る、そういうケースもあった。そこから先は社会党議員へという階段も開かれる。そういう活動家は多かった。自分の利益のため、そうなる者も多かった。

また、当局との関係でも、組合幹部経験者は、当局に従うなら、助役や駅長にすぐなれた。こんな誘惑を受け入れるものか！という人生への誇りがあったし、活動の高揚のなかで勢いもあった。こういう誘惑を私たち革同活動家たちは断ち切って活動していたのだ。

（二）先鋭な運動へ

●先鋭な運動展開へ

国鉄のブルーカラー労働者たちは、日常の仕事が厳しいだけに、闘いへのエネルギーがたちまち充満するのだが、同時に、あきらめも早かった。人間的弱点でもあった。

ダイヤが過密になり労働強化がされるようになると、そうした不満が短絡的な方向へ向かう。労働者は短絡する傾向もある。カーッとなって「勝てない」と自分で勝手に判断してしまうのである。

私は訴えた。

「短絡したらだめだ、我々は乗客の命を預かっているしそうした社会的責任があるのだ」と。そして、乗客との連帯も含む日常的な団結の必要性を訴えていた。あのエネルギーを持続的な団結に高めていくことはとても難しい。みんなで結束をつくっていくことは、一朝一夕ではいかず、それ自体が日々の闘いだった。そのために時間をかけて労働者に対していろんな角度からの接近を試みた。組合選挙でのとりくみ、対話も、そして社会情勢についての討論も、共産党機関紙「アカハタ」（一九六六年から「赤旗」に名称変更された）をとらせることも、みんなそうした息の長い実践の一環だった。

私は出番、非番含め毎日職場にいて、家に帰らない日々だった。私以外にも、駅で働く革同の仲間たちのなかには、一〇人くらい家に帰らず職場に詰めていた活動家たちがいたのではないか。そういう活動家たちの献身的な活動が、革同の影響力を広げ、組合の団結を徐々に固めていく原動力となったのだと思う。

●ストライキと処分

私たちは団体交渉を積み重ねるが、最終的には労働者の団結を基礎に実力行使に踏み切っていく。駅では、我々労働者が鉢巻をしめるだけでも強烈なインパクトを与えることができた。最初の頃は当局も鉢巻は容認していたが、そのインパクトの強さからか、ある時期から「鉢巻をはずせ」と命令するようになった。こうしたせめぎ合い自体が闘いのひとこまだった。闘いの最大の武器はストライキだ。その時に、駅が左派労働組合活動家層の牙城になっていることが大きな意味をもってくる。汽車を止めることができるのは駅の労働者たちなのだ。運転職場の仲間たちが汽車を実際に止める。それを突破口に、駅の労働者たちがストライキに入っていく。もっとも、当時の「スト」は、実際は「職場大会」という名目で行われることが多かった。公然とストライキを構えるには、五〇年代はあまりに定員法・レッドパージの傷跡が深かったのである。

私は繰り広げられる闘いの中で、繰り返し当局から処分を食らった。

組合の指令で我々が行動すれば、そこに処分はつきものだった。次々に処分者が出た。私自身は処分の回数は全国で一番だったと思う。何かあるたびに処分された。処分はされるたびにその程度が重くなっていく。そのため、私にはいっさいの昇給、昇格はなかった。停職も何度か食らった。

私だけではない。組合運動の中で、処分が多かったのは民同系より革同の活動家たちに対してであった。厳しい労働条件で働くブルーカラーを基盤として、現場で最も先鋭な活動を展開していたのは革同の活動家層だったからである。九州の徳沢一など、全部で何と一七回も処分を食らっているのだ！　だから彼の履歴書は、処分歴が書かれる赤インクだらけになっている。後年、細井が徳沢に「お前、まだ首あったのか？」と言って驚いたという。

闘争に参加したヒラの組合員は、処分にあうとビビッてしまう。それが高じると、団結にもひびが入りかねない。現に、この時期の国労運動は脱退者や度重なる組織分裂に悩まされていたのである。そういうことを防ぐために、当局と話し合いながら、処分を積極的に被ったのは先頭に立つ活動家層だった。そこには自己犠牲の精神が働いていた。

職場の知人から「家庭はどうするのか」と言われたこともある。私の急進的な闘いぶりに、なかには「やりすぎだ」との声もあった。しかし私には「みんなの代わりに処分されている」という意識が自然と芽生えていた。仲間たちの多くも、口にだして言わないが、そのように感じてくれたように思う。

こうした処分の経験が、そしてそこで目の当たりにした人間模様が、私のその後の第二の人生出発のモチーフにつながっていくことになる。

（三） 革同全国ネットワーク

●革同全国ネットワークの一員に

こうした闘いのなかで、私はやがて革同の全国活動家ネットワークの一員になっていった。全国大会の前に革同のメンバーで意思統一するようになっていったのだが、そうした会議に私も出られるようになっていった。

「革同は津軽海峡を越えて初めて革同だ」という言葉は、私の場合にも言えた。そのネットワークは、全国会議、フラク会議だけでなく、鉄道と電話線で日常的に繋がっていた。組合活動家には、電車も電話もタダだったのだ。革同の友人たちが北海道に応援に来てくれたものだ。

●反「合理化」闘争論の優位性

一九五七年、国鉄第一次五カ年計画が策定・実施された。高度成長政策を支える産業基盤整備のために、それまでもっぱら労働強化に依存していた国鉄輸送力を、本格的に合理化しようという計画だった。

その内容は、六〇〇〇億円を投資し、電化、ディーゼル化の推進、車両増、線路・施設の増設だった。これがいったい労働現場にどのような影響をもたらすのか。こうした合理化の性格をどう把握し、どのように対抗していくのか。こうした問題について、革同の果たした役割は大きかったと思う。当時の機関紙誌などに、企業分析にもとづいた国鉄合理化分析が掲載されていた。こうした理論的分析は、民同にない革同の優位性だったと思う。

●細井宗一との出会い

革同の全国活動家ネットワークのリーダーは当時、細井宗一、子上《ねがみ》昌幸であり、彼らは当時国労本部にいた。子上は端整なマスクの人格者で、多くの活動家に親しまれていた。細井宗一は私の指導者、「親分」になる人物だ。彼については後で詳しく語ろう。彼らは、まさに革同の輝けるシンボルだった。

私は革同運動のなかで全国的にも頭角を現し始めた。一九五八、九年頃だった。国労全国大会前の革同フラクション会議に出席できるようになった。ちょうど同じ頃、細井宗一と出会い親交を深め、「親分・子分」関係までなっていくことになる。私が彼に近づいたのは、五八年の北海道の勤評闘争がきっかけだったと思う。あれから始まった。五九年は「オイコラ警察」で警職法反対。どこへ行っても警官とケンカばかりやっていた。情けないことに、ぶん殴られる方が多かったけれども。

細井と寝食を共にして闘った。彼は一生懸命勉強し、また人と話すにもその心をつかむのがうまかった。講演をやっても、けっして一方的なことはなかった。労働者とよく対話していた。同時に彼の話には先見の明があり、しかもわかりやすく明快だった。細井が地方にオルグに来ると、「細井が来た！」と民同も当局も緊張するという場面もあった。国労大会などでは、「細井にしゃべらせるとよくない」と民同が話すくらいだった。私は細井の講演原稿をむさぼり読み、そこで得たものを方針書の執筆、宣伝活用に応用した。細井は軍隊経験をもっていた。陸軍士官学校卒、帝国陸軍では少佐だったという。朝起きるのも規則正しい生活ぶりだった。

当時の運動高揚期の大衆的デモンストレーションのなかで、大衆的部隊を指揮するのは難しかった。その場合、軍隊上官経験がものをいう場合が多かった。しかし左翼には、そういう上官の経験を持っている人があまりいない。その点やっぱり細井宗一はたいしたものだった。

【子上昌幸】一九四八年五月の第四回定期大会（奈良）から国労中央執行委員。一時の中断（一九四九年の第一六回、一九五〇年の第一七回大会）を除いて、以後一九七五年の第三六回定期大会で交替するまで、国労中央執行委員。

【細井宗一】一九五二年七月の第一一回定期大会（別府）から国労中央執行委員。以後、一九七九年の第四一回定期大会で交替するまで、国労中央執行委員。

●最初の結婚

一九五五年、二一歳になった年、私は結婚した。相手は国鉄の電話交換手の仕事をしている三歳年上の女性だった。彼女は職場では上役で、職制に近い位置にあった。当時は平和運動が高揚する時期であり、我々活動家たちは燃えていた。しかし、職場の普通の労働者にそうした高揚感が共有されていたわけではない。そのなかで、職場の全体を一つにまとめていくのは難しいという現実もあった。そんななかで、彼女は職場をまとめるという難しい役割を担ってくれていた。私が活動する上でも、職場を調整してくれる彼女の役割にはしばしば助けられた。

当時の私は、忙しくて家に帰る暇もない生活で、しばしば職場に寝泊りしていた。結婚式は二〇人くらいの仲間に囲まれて職場で行った。

七　地域労働運動——北海道を走り回る

(一)　地域労働運動へ

●争議支援の運動

五〇年代の特徴は、民間企業の大きな争議が全国的に起こっていたということである。一九五三年には王子製紙苫小牧でストライキ闘争があった。五〇年代後半には炭鉱労働者の争議がつづいた。私は闘争の支援に全道を走り回った。この争議支援のなかから、全国的にも澎湃と国労青年活動家層が生まれてくることになる。つまり、企業別労働組合運動の枠内を越えていく実践活動のなかから、新しい時代の革同青年活動家層は生まれていった。

私は五八年頃から国労の全道青年部長になり、北海道全域をオルグして回ることになった。

総評の府県組織である全道労協の指導部は主に炭労の影響下にあった。炭労のほかにも北教組など官公労関係の組合が主力だった。炭労は社会党の主導権の下にあった。全道労協自体、社会党の強い影響下にあったわけである。この全道労協中心に、賃上げ闘争、首切り合理化反対闘争が展開されていた。

こうした中で、北海道国労青年部長の私の活動は目立つようになった。全道労協の運動では、青年の要求を取りあげるという点ではかなり不十分だったからだろう。私は全道労協の青年部長に押し上げられていった。日常的に北海道を走り回っていた国労活動家が組織の中心になるのは根拠のあることだった。皮肉なことに、私の属している親組合である国労は反対した。当時の私は、国労北海道青年部長と全道労協青年部長との二役を担っていたわけである。一九五八年から六〇年安保の頃までのことである。

●小笠原貞子さんのこと

全道労協のなかで、青年部は婦人部ともいっしょに活動する機会が多かった。青年婦人協議会である。そこでは、国労の婦人部とりわけ電話交換手たちの役割は大きかったと思う。そうした青年婦人協議会の婦人部活動家のなかで、一際輝いていたのは小笠原貞子さんだった。彼女の夫は高教組の委員長だった。彼女の発言は理知的で、しっかりしていた。私は彼女を「貞子さん」と呼び、大いに議論もし、彼女の発言から啓発されることもしばしばだった。貞子さんは平和運動、原水禁運動に熱心にとりくんでおり、彼女が中心となっていた北海道平和婦人会は、全国にその名をとどろかせていた。

我々国労青年部も北海道平和委員会に加入しており、そうした平和運動の場面で、貞子さんと活動を共にしていたのだった。私は彼女に何度も共産党への入党の誘いをしたが、彼女はそのたびに「わかった」と言いながらも、入党申込書に記入することはなかった。もっとも、私とて入党申込書に書いたことはなかったのだが。しかし、彼女の活動家としての資質に、周りの人間は「いいタマだ」と言ったりしていたものだ。

思えば、当時の貞子さんは、クリスチャンで、唯物論・マルクス主義へ向かう途上だったのかもしれない。彼女はキリスト教人道主義と共産主義との間で葛藤していたようだ。彼女は後に共産党の参議院議員、副委員長にまでなる。その経過については、私は知らない。

その後、貞子さんの年譜を見る機会があったが、それによると小笠原貞子は五二年入党とある。私の記憶と食い違っている。もしかしたら、私たちと活動していた時代の貞子さんは秘密党員だったのかもしれない。

（二）労働者教育運動

●労働者教育運動

我々革同運動の民同運動との決定的違いは何であったか。その一つが職場闘争という運動論であったことは先ほど述べたところである。しかし実はもう一つ大事な運動思想があったと思う。それは、労働運動と労働者教育運動との関連という問題である。人材を育成しないと世の中は変わらない。我々は青年労働運動と学習運動とを車の両輪として正面に据えたのであった。労働講座を熱心に組織した。

そのなかで、特に重視したのが、労働法教育だった。ほとんどの労働者たちが労働基準法を知らなかった。当局も労働基準法を理解していなかった。戦後憲法で保障された労働者の人権は、五〇年代当時は、多くの労働者に共有されているとは言えず、血肉とはなっていなかった。独自の学習運動が求められていた。しかし、当時の私たちは、労働者の権利を守る法律を地道に勝ち取っていくことの重要性を深く理解していたとはいえなかった。今日重視されているＩＬＯなども、当時の私たちは馬鹿にしていたのであった。

私たちは労働法と同時に、「労働者とは何であるか」「いかなる歴史的使命を担っているか」という問題を労働者の中に啓蒙していく運動を、決定的に重視した。全国各地で学習運動が燎原の火のように展開された。

なぜそんなことが可能だったか。その一つに、国鉄革同活動家集団が全国的に学習運動のイニシアを執ったということがあったと思う。そのことは、革同のリーダー細井宗一が労働者教育協会の副会長であったという事実が象徴的に示している。全国各地に労働学校が組織されていく原動力の一つに、国労運動があったと思う。北海道の革同運動もまたそうした全国的運動の一環であったし、ある意味その最も先進的なうねりだったと思うのだ。私は、国労北海道青年部長、全道労協青年部長のかたわら、北海道学習協の事務局長を務めた。それには細井の影響もあったかもしれないが、私が学習運動の重要性を決定的に重視していたということでもある。

札幌の近くに弥生会館がある。そこでは「まるで共産党の大会ではないか」と言われるくらい、マルクス主義の立場からの労働講座を実にたくさん展開した。豊田四郎、広谷俊二など錚々たる共産党系イデオローグを講師として招いた。この労働講座から多くの活動家が巣立って行った。

民同はこの学習運動を脅威と感じていたらしく、つぶしにかかってきた。学習運動の場面でも民同とはつばぜり合いが続いた。

当時の民同には労働者教育を重視するという雰囲気は希薄だったと思う。民同の連中から「労教協って何をするところだ？」と聞かれたくらいだ。たまたま民同が学習講座を組織しようとしても、彼らは講師集めに苦労していた。社会党・民同の影響下にあるインテリゲンチャの層は薄かった。その点、我々は苦労しなかった。そのくらい、当時の共産党のインテリゲンチャへの影響力は大きかった。労働運動と知識人との協働関係が、今では考えられないくらいに大きかった時代だった。

●労働学校の講師たち

労働講座では、哲学の授業も行った。在野のマルクス主義哲学者高橋庄治さんを呼んで、「ものの見方考え方」を語ってもらった。彼は「在るということと、思うということはどう違うか」という話をした。つまり「唯物論と観念論」の話だった。この話は我々労働者にはピンと来なかった。わかったようで、わからない。この本当の意味は何だろうか、と仲間うちで話したこともあったが、しまいには「我々がわからないのだから、凄いことを言っているに違いない」ということで「納得」した。

あるとき、職場のなかの極少数派だった創価学会の労働者が、「手品にも種があるではないか。ものの見方考え方の種は何なのだ?」と聞きにきたことがあった。細井宗一が偉いのは、こういう話を労働者がわかるように、噛み砕いて話していたことだ。

北海道の学習運動のなかで忘れられない人がいる。北田寛二というインテリゲンチャである。彼と一緒に私は労働者教育運動にのめりこんでいった。北田はとてもいい人だった。人の話をじっくり聞き、受け止めた上で、違うものは違うと誠意をこめて語る人だった。高い理論水準をもちながら、しかしけっして偉ぶることのなかった人だ。私は北田からどれだけ多くのことを学んだか知れない。私たち小中学校しか出ていない国鉄労働者が、一流の知識人の話を聞ける、知識人たちが我々と対等に話してくれる——そのことに胸がジーンと熱くなった。瞼が熱くなることもあった。それが高じて、講義中眠ってしまうこともしばしばだったが……。六〇年代に入ってのことだが、北田には『資本主義経済のしくみ』や『やさしい賃金論』などの著書がある。

こういうインテリゲンチャに出会えたことを、自分の生涯の誇りとしている。私は高校を出ていない。日本帝国主義の敗戦と戦後の混乱によって、私は「学校」という制度で学ぶ機会を失った。しかし、私は労働運動を通して、労働者教育運動をとおして、「私の大学」と出会えたことを人生の幸福と考えている。

●労働者の学習熱

思えば、この時代の国鉄青年労働者の学習熱はたいしたものだったと思う。

当時の国鉄の現場労働者には、私のように中学校卒業程度の者も多かった。彼らは勉強したくても進学の環境に恵まれなかった者たちだ。それだけに専門的知識への憧れも強かった。だから、彼らは我々が組織した左翼的な労働者教育運動に加わってくるだけでなく、専門的教育を受けたいという欲求も持っていたと思う。

のちに千葉の国労活動家の友人に聞いたところによると、あの当時、松戸の電車区などでは同期九人のうち六人は法政、中央、芝浦工大などの夜間部に通っていたという。技術、電気理論などを学んでいたようだ。そうしたエネルギーは、国鉄内部の部内試験、昇職試験のための学習熱としてもあらわれていた。

またそうでもしないと、どうにもならないくらい、賃金労働条件が低かったのである。ここには、労働者の個人的上昇志向の側面もあったと思う。私たちの労働者教育運動は、仲間たちとの連帯のための「学び」だ。当時の国鉄内部の学習熱には、個人的上昇志向と連帯との、この二つの学習熱の方向が拮抗しあっていたのだと思う。そして残念なことに、高度経済成長の中で、個人的上昇志向の方が優位になって行ったのではあるまいか。

(三)　走り回る日々

●同時多発的な運動展開

私の活動範囲は、国労運動、地区労運動に止まらなかった。国労青年部は平和運動、原水禁運動に熱心にとりくんだ。私個人のことを言うなら、平和への熱い想いの原点には、かつての沖津日出男先生の教えが胸にあったと思う。私は北海道平和委員会に加入し、原水禁大会などにも積極的に参加した。

私たちは国労運動に自己完結しなかった。我々国労青年部の合言葉は、当時の言葉で「片寄らない運動を展開しよう」ということだった。つまり狭い労働運動の課題だけを追いかけるのはやめようという考えだった。

私たちは職場闘争を重視したが、それと同じく当時の広範な社会運動に労働運動として積極的にコミットするべきだと考えていたのである。こういう発想に対しては、革同の古い世代の人たちは積極的に賛同しなかった。やはりここでも革同の青年層が中心になって、古い世代の価値観を乗り越えて平和運動を推進していった。こうした動きが本格化していったのは、五〇年代後半以降だったと思う。そのピークが安保闘争の高揚である。それだけ社会情勢も急激に動きつつあった。そこにいち早く青年労働者層が敏感に反応したということだろう。当初は反応が鈍かった職場の労働者層も、明けても暮れても職場に泊まりこんで活動する我々の活動ぶりを見て、社会の変化を感じ取っていった。少しずつその意識が変わっていった。

平和と民主主義運動を求めるという点で、民同との共同行動も強まっていった。民同とりわけその左派層とは、一方で組合の主導権争いを激しく展開しながらも、他方で共同行動を強めていった。国労の共産党活動家の中には、政治主義、セクト主義的傾向の者もいたが、彼らは少数派であって、多数派は統一戦線志向だったと思う。五〇年代末、札幌地本全体としては、革同―民同の共同行動が成立していた。

勤労者医療生協（北海道勤医協）や消費生協の活動にも取り組んだ。今から考えると、よくもまあここまで手を広げたなと思うけれど、現在につながる北海道の革新的社会運動の基礎はこの時期の我々の馬車馬的な活動のなかでつくられていったと言って過言ではなかろう。私たちは労働運動の境界を次々に越えていった。よくもこれだけ幅広い運動を、短期間に創り上げて行ったものだと、そのバイタリティに、今にして感心してしまう。

我々革同系は札幌の一一分会のうち七分会くらいの主導権をとっていくのだが、これらの分会の青年活動家層がこうした広範な社会運動の中心部隊をも形成していったのである。

戦後日本の労働運動の重要な特徴の一つは、労働組合運動が「平和と民主主義」の課題の先頭に立って闘ったことにある。これは欧米の戦後労働運動と比べても特筆すべき事柄である。そして国労運動はそうした戦後民主主義運動の中核的な組合として大きな役割を果たしていた。我々の青年部活動はそうした戦後日本労働運動の特徴を体現していたと言うことができよう。

今の労働運動に欠けていることの一つは、こうした広範な社会運動とのダイナミックな結合ではなかろうか。

●青函連絡船闘争

当時の国労運動で印象的だったのは、青函連絡船のたたかいだった。

これは船乗り労働者の労働条件をめぐる闘争だった。五八年頃から安保の時期までたたかいは続いた。当時石炭から石油へのエネルギー転換が行われるなかで、一方的な合理化、配置転換が強行されようとしていた。公休日という休日のない船舶乗務員には、年休等の使用にともなって生ずる「慣習の休日」（不乗便と呼ばれている「待機」の日）が戦時中から定められていたのだが、それを廃止するという青函局からの攻撃がなされた。国労のなかに船舶協議会があって、そこを拠点としてたたかった。「船員に一週一日の公休日を」「連続四時間以上の睡眠を」「労働時間の周期を定めよ」という無数のビラが青函連絡船の船員居住区を埋めつくした。こうした要求闘争は、「志免炭鉱を売るな」「安保条約改定反対」というスローガンと並んで展開されていた。

その時は、もう何日も家に帰らず船に乗りっぱなし、泊り込みだった。船に一週間くらい乗りながら労働者を組織した。連絡船のかまたきの労働者たちは日々重労働だった。ここが組合の拠点となっていた。船においても、かまたきなど肉体労働者層が組合の中心的部隊を作っていたのが印象的だ。彼らが乗客とも連帯してたたかったのが画期的だった。一九六〇年三月、「年間三日の特別休暇（有給）の付与」によって収拾した。結局労働者を守る方向で妥協が実現したわけである。この闘いをとおして、職場に権利意識が定着し、以降「合理化」反対闘争として定着する。（この項『国鉄労働組合運動の一翼を担って――革同会議の五〇年』参照）

●勤評闘争、警職法反対闘争

五〇年代後半とくに一九五八年を中心とした代表的な全国的大衆運動は勤評闘争、警職法反対闘争であった。北海道でも、そうしたうねりが巻き起こった。勤評闘争については、北海道教組が中心的にとりくんだ。教組の執行部三役には共産党系の活動家が食い込んでおり、彼らは私の友人でもあった。国労青年部は彼らを支援しつつ大衆運動を展開していった。

これらの闘争では警官隊ともみ合ったりすることがしばしばだった。警官隊は棍棒で我々の胴をどついた。我々は防御のために、週刊誌、漫画雑誌などを胴にさしこんで応戦した。

もっとも、警官にはいろいろな人間がいた。本気で我々を叩きのめそうとする者もいれば、あまり戦意のない奴もいる。時に、警官隊の動向を事前に知らせてくれる者もいた。我々青年部は、こうした肉弾戦のいつも先頭に立っていた。こうした戦いぶりは、周囲の眼からは、極めて急進的かつ戦闘的に映ったことだろう。

しかし、街頭での急進的な学生運動とは少し違っていた。我々青年労働者は、家族もちの先輩労働者を先頭に立たせるわけにはいかなかった。やむにやまれず先頭に立って闘った面があったのであり、そのあたりに学生運動の急進性と異なる面があったと思う。

●最果ての駅で

北海道は広い大地だ。若い私は疲れを知らずこの大地を走り回った。札幌を活動の拠点に北海道全域を回った。

札幌は国労のなかの組合選挙区の一区にすぎない。北は江別から南は胆振《いぶり》までが選挙区の範囲であり、私は組合の選挙で走り回った。一人、二人職場も回る、ということを私は基本にしていた。普通の活動家は二、三日しか休みをとらない。そうすると大きい職場しか回れない。私は一週間くらい休みを取って、胆振線に乗り、オルグの長旅に出かけたのである。札幌から何十キロも先へ、そしてさらに先へ……。

駅と駅との間に保線区がある。そこで働く労働者たちに「革同の牧野です」と言って訪問するのだ。こうした地域は、レッドパージ後、ほったらかしになっていた。組合中央からさえ、切り捨てられかかっている地域の労働者たちだった。私が行くと、助役や管理が「勤務時間です」と妨害に来る。

国鉄分割民営化後の現在と違って、昔は無人駅というものが無かった。必ずどんな小さい駅にも国鉄労働者がいた。そこには二、三人の職場もあった。なかには、助役と二人しかいない職場もあった。そこで権利を主張することは、困難なことだった。だから私は、わざと助役の前で、賃金、労働条件問題について説教した。助役も黙っていない。「国鉄の経営状態は良くない……」などと反論してくる。ここで論争が始まる。

こうした地域の国鉄労働者にもプロ意識はあった。季節ごとにいろんな仕事がある。地域生活に根ざしたいくつもの仕事がある。当時はテレビが無い時代だ。北の果ての地域には、ラジオを持たない人々も多かった。全国的鉄道網で結ばれた駅舎は、情報が集まる場所でもある。地域の人々にはなくてはならない場だった。海岸線を線路が続く。その間の駅舎に、地域に根ざした国鉄労働者に、漁民が魚を、農家が農産物を差し入れてくれたりする。そういう暖かい人と人との関係が、ここにあった。

確かに仕事は多くはない。暇なときはガラスを洗ったりして時を過ごす。なかには、国鉄内部の各種試験に備えて、試験勉強をする者もいた。また、こういう時間の取れる職場の中に、自由時間が生まれ、文化が生まれる場合もある。こうした地域の国鉄労働者には、詩、音楽、書道に通じる者が多く生まれた。

●鉄道は泣かせる

こうした過疎地域の職場は寂しかった。そのことを私は訪問しながら、肌で感じた。この寂しさから、多くの労働者は脱したいと願っていた。そこには鬱屈した労働者のエネルギーが潜在していた。こうした地域に配置転換されると、家族も含めて泣きの涙であることが多い。だから私は、「人事権を当局だけに持たせるわけにはいかない」と組合員らに訴えてまわったのである。

夢中に話しているうちに、暗くなる。一日に何本しか汽車はない、もう汽車はなくなっている。駅舎の近くの組合員の家に泊めてもらう。そこで、もっと話を聞きたいと言われ、語らいが続く。彼らに地本の情勢を話すと喜ばれた。普段、札幌を中心に動く組合の情勢から、彼らは切り離されていたのである。北海道の国鉄労働者の中にも、大きな地域格差の影が落ちていたのである。

こうした辺鄙なところで、一人、二人でも懸命に生きている国鉄労働者に接して、私はたびたび心を洗われた。「鉄道はすごい、鉄道は泣かせる」……そう思った。オルグして歩くと、私のほうが感動して帰ってきた。

こういう地道な実践の積み重ねも作用したのであろう。私は組合役員選挙で、負けたことがなかった。

●「牧さんと汽車に乗ると」

汽車を乗り継ぎ、一晩泊ってまた一晩……と続いた。行けばそこに必ず新しい仲間ができた。知り合いになった労働者と汽車に乗って語り合う。やがてその人を共産党に入れてしまう。「牧さんと汽車に乗ると共産党にされてしまう」と言われたくらいだった。共産党に入れると言っても、おおらかな話だ。すこしぐらい意見が違っても、大きな方向が共有できれば、「そうか、それなら君は、もう誰が何と言おうと共産党だ！」と言うわけである。

思えば、共産党の選挙でも、北海道全土を走り回ったものだった。

国労の共産党員たちは、選挙で共産党の躍進のために、献身的な努力を重ねていたと思う。徳沢一こと「徳さん」から聞いた話では、福岡でも、鹿児島本線の門司を中心とした地域で、線路の電柱すべてに共産党衆議院候補のポスターを貼りつくしたことがあったという。まあ、すごい行動力だ！　これには、当局が「線路の電柱は共産党の電柱ではない」と抗議したという話だ。「徳さん」〔以下、本書では時に応じて徳沢のことを「徳さん」と記させていただく〕も負けてはいない。「電柱に貼ってはならないというルールでもあるのか？　当局の管理権とは何だ？　これを議題に団体交渉しようやないか」と応酬したと言う。北は北海道から、南は九州まで、国労の共産党員たちが、馬車馬のように活動していたと思われる。

●宮田義二の回顧

右派労働運動のリーダーに、宮田義二という人物がいる。松下政経塾の塾長もやった男だ。左派が強かった鉄鋼労連を、六〇年代の初頭、企業主義的な労働組合に指導権を転換させた男である。彼らは総評労働運動に対立して、ＩＭＦ・ＪＣ（国際金属労連日本協議会）をつくりあげ、この潮流が七〇年代以降の労働戦線の「反共右翼的再編」を牽引していったのである。そんな宮田と、徳さんの親しい友人――その人は北九州地域の共産党の闘士だった――が顔見知りだった。

そんなことを言うと、「エッ！」と驚く人もいるかもしれない。今でこそ、右と左がすっかり分離して、棲み分けになってしまったが、かつては「右」と対立しながら、彼らとしっかり対話の回路をもつ、したたかな共産党員もいたのである。

宮田がある時、当時をふり返って、彼にこんなことを語ったという。

「今の共産党員は、ちっとも恐ろしくない」

「なぜだ？」と友人が問う。

すると宮田は「昔の共産党員はゴキブリのように職場、地域、家庭を這い回っていた。それが脅威だったのだ。今は理屈ばかり言う。だから、ちっとも怖くない」と語った。徳さんの友人は、それを聞いて心底悔しがっていたと言う。

えてして、敵の方が、共産党以上に「共産党の真髄」をよく理解しているものだ。そんなことが言えるのも、宮田もまた、かつて党の活動家だったからかもしれない。

まさに私たちは、もちまえの行動力で、北海道という地域をゴキブリのように這い回って活動していたのである。九州の徳さんなど、這いまわるゴキブリの典型ではないか。

全国に、そんな「地の塩」のような、無名の共産党員たちがいたのである。私たちは、その群れのなかの一人だったにすぎない。そうしたことは、現代社会では――当の共産党も含めて――忘却の彼方においやられているけれども。

私は思う――もう一度、左翼の草の根活動家たちが、解体しつつある日本社会を、ゴキブリのように隅々まで這い回ることによって、支配層を震え上がらせてみたいものだ！　今こそ、そんなゴキブリのような奴らが求められている時代ではないのか？

●北の星

結婚した私には二人の子どもが生まれていた。しかし、忙しくて、忙しくて、家に帰る暇がなかった。私は安保闘争が終わった後、最初の妻と離婚した。別れた原因は、はっきりしている。ほとんど全く家に帰らなかったからだ。

とにかく毎日が楽しくて仕方がなかった。一人ひとりオルグするたびに「今日も一人、革命の種を撒いた」と充実感で胸が一杯だった。私は毎日、革命という「夢を食って」生きていたのだ。

誰かが私を、国労の「北の星」と言ってくれたことがある。私は樺太生まれで、「故郷」をもたない。でも、こうした日々の生活の中で、北海道は私の活動の「拠点」になっていった。後に中年になって、長く北海道を離れることになった。しかし老年にさしかかった今、私は再びこの北海道の大地で格闘している。私は青春を賭けた北海道の地に帰り着いたわけだ。しかし、その話はまた後々のことだ。

八　北海道国労の労働者世界

●「国鉄にないのは産婆だけ」

私たち労働者は職場だけでなく生活の場でも共に支えあって生きていたと思う。国鉄労働者は、実にいろんな職種の労働者が集まっていた。ある時など、葬式の祭壇まで国鉄労働者が作ってしまうのを見て驚いた。「国鉄にいないのは産婆だけ」と言われたくらいである。彼らが集まると、何でもできる、何でも作れる……そんな気がした。

組合の仲間同士、お互いの家を建てるのを協力しあった。家は業者に頼まず、組合の仲間たちが作ってしまう。私の家もそうだった。誰か活動家の仲介者がいて、「○日と○日に集まってくれ」と差配する。仕事が終わった後、あるいは非番の日に、仲間たちが多いときには一〇人くらい共同で何日も何日も集まって作業し、家を建ててしまう。電気から水道からみんなやってくれる。向こう三軒両隣、国労活動家の家々がいくつも札幌の街の一角に生まれるわけだ。組合員で共同して地下水を引っ張ってきて、共同利用したりしていた。こういうことが自然に行われていたのである。

●〈相互扶助〉の世界

こうした衣食住にまで及ぶ〈相互扶助〉の世界を、当時の国労運動はつくっていたのだ。そこには、当局の業務命令より強い絆があった。当局の指揮命令系統をもってしても入り込めない、人と人との切実な関係の密度があったように思う。職制の機能が十分に働かないくらい、労働者同士の絆が深かったと言うことだろう。労働者の組合における団結の基礎には、職場だけでなく、生活の奥底からの連帯があったのである。ただ、当時の私たちには、そうしたことは改めて考える必要もないくらい自明のことだった。従って、こうした奥深い共同性を、労働者団結のさらなる発展に向けてどう生かすかについての、目的意識性は希薄だった。このことの切実さは、空前の高度成長が急速に社会を解体していくなかで、ようやく理解されるようになった。

国鉄には多様な職種の労働者たちがいるのだが、労働組合運動の高揚期には組合運動をとおして、そうした彼らが連携しあっていたのである。その後、とりわけ分割民営化後に、組合運動が抑圧されるようになると、こうした職種間協力関係は分断され、職種内部に閉鎖する傾向が出てくる。最近のＪＲで大きな事故が多発する理由の一つはここにあるのではないか。

●魚釣りとキャバレー

私たちは、活動のあいまにみんなで大いに遊んだ。組合で海水浴に行ったり、山に行ったり、ジンギスカン・パーティーをやったりした。

ある時、一〇人くらいで魚釣りに行った。みんなでたくさん釣った。喜び勇んで、その足ですすき野のキャバレーに飲みに行く。しかし体から発散される汗と魚のにおいで、まわりの人たち、ホステスさんは鼻をつまんでいた。後年、ホステスのマチ子さんが「あの時は臭くてたまらなかった」と語っていた。

私たちはよくキャバレーに通った。「〇〇ちゃん、最近元気ないな」と言って仲間も誘い合わせて、ホステスさんを食事に連れてったりしたこともある。

当時、ホステスさんも必死で働いていた。彼女らは浜や炭鉱から出てきて働くところがなく、キャバレーで働いている場合が多かった。中年の女性も多く、子どもを育てながらホステスをやっている女性も少なくなかった。貧しくて芋に塩辛をつけて食べ、生活している女性もいた。ときに食事も満足にとっていないホステスさんがいて、給料日の後に「食べに行こうか」と声をかけると、三、四人ついて来た。彼女らにウナギなど食べさせてあげたことがある。

もっとも、国鉄労働者が行くキャバレーは安い店が多かった。ホステスの賃金も安かったが、みんな明るいエネルギーをもっていた。一人ひとりがプライドを持って明るく生きていたように思う。国鉄労働者のなかには、通ったキャバレーのホステスと恋仲になり、結婚することになった人も少なくなかった。例えば、桑園駅で働いていた友人の一人はキャバレーで働いていた女性と結婚した。

国労の青年部には、女性がいない。男世界だ。女性との出会いは、あり余るエネルギーをもてます国労の青年たちにとって、もう一つの大きな要求だった。徳さんのいた北九州でのエピソードだ。時代はマル生闘争の頃だったろう。青年部が海水浴企画を立てた時のことである。駅の改札口に、なんと立て看板で、大きく「〇月〇日海水浴」「女性求む」と書いてあったというのだ！　この看板を見た人はどう思っただろう。

●うたごえ

私たちは、うたごえ喫茶にも、よく通った。札幌市内には、うたごえの店がいっぱいあった。ここに行けば、知らないもの同士すぐ友達になれる。肩と肩が触れ合うくらいにみんなで歌う。私のような気質のものには、もってこいの場だった。テレビもないような時代だ、家に帰っても楽しみはなかった。

また、労働者にとって普段の生活で女性と交流する機会はほとんどなかっただけに、うたごえの場は女性との貴重な出会いの場だった。

国鉄の仲間たちのなかには、うたごえ運動に飛び込む者も少なくなかった。三味線の加藤さんなどもそうだった。また札幌革同の仲間、日野三郎さん（通称サブちゃん）などもその一人だった。彼は電力区の技術屋だった。配置転換命令など、当局の迫害と闘っていた。彼は後にうたごえ運動の会長になったのではないかと思う。彼の娘が、後に「氷雨」を歌ってヒットした日野美香である。

国労には多くの文化運動家が生まれた。詩、文学、合唱……。日野さんもその一人だった。今にして思えば、国労の周囲には本当に多士済々の、個性的な人が集まっていたように思う。国労運動の心棒がしっかりしていたときは、まわりにユニークな人たちが集まるのだ。今の労働運動には、この心棒が崩れてしまっているように思える。

●国労文化運動と子上昌幸

ここで私は、こうした国労のなかでの文化運動を推進していく上で、国労中央執行委員・子上昌幸の果たした役割を強調したいと思う。子上は一九五三年から一九五六年まで国労中執で文教部を担当している。彼はこの時期、うたごえ運動や演劇祭など、あらゆる文化運動を徹底して掘り起こしたのだ。一九五三年頃に国労として産業別でうたごえ運動に参加する。うたごえ運動に産業別で参加するのは、国労が一番早かった。一三〇〇人くらい全国から動員された。レッドパージ後の職場の中が民同右派幹部によって、がっちり押さえられている。そういうなかで職場で言いたいことも言えない。そういう労働者が、うたごえ運動に来て「俺はうたは歌えないけれども、言いたいことが言えるから」とうたごえ運動に参加するのだ。

朝鮮戦争を背景に「うたごえは平和の力」というスローガンがアクチュアルな意味をもったということもあろう。そういうかたちで、うたごえ運動とは、単にうたを歌うとか、うたを上手くなろうというだけではなく、職場の悩みを皆でぶつけあう場として、一斉に職場に広がっていった。うたごえや演劇などの活動をとおして、真実をみつめる訓練がなされ、やがてこの文化活動家層が、その後、有能な職場活動家に育っていったわけである。そうした国労文化運動の波が、遠く北海道にまで及んでいたわけである。こうしたことが、革同活動家集団のリーダーシップで、子上の卓越した指導によって行われていったことは記憶されてよいことだと思う。

子上がすごいのは、文化サークル運動の自立性についての深い見識をもっていたことだ。子上は次のように語っていたものだ。「サークル活動は自主的なものだ。文化活動のなかで労働者が何を求めるか——真理を求める。それが、やがて労働運動に結びつく。従って労働組合は、そういうサークル活動に徹底的に協力する。しかし、労働組合の下請け機関にすべきではない」と。だから後に、国労の中でも、文化運動が労働組合などの下部組織になっていく状況を、誰よりも子上は憂えていたように思う。

●「新撰組」

私たちは、忙しい活動の合間に、札幌の場末の映画館に行った。あの、闘いに明け暮れる日々の私たち組合活動家の気持ちを高揚させたのは、新撰組を扱った娯楽映画だった。題名はもう忘れた。悪い奴をバッサリやっつける——血気盛んな青年活動家の気分にぴったりだった。

こんな映画をみんなで見に行って、「我々は新撰組をつくろうじゃないか！」と騒いで帰った。我々のデモ隊と警察との揉み合いなどのとき、我々の心は新撰組の正義の血で燃えていた。新撰組が明治維新改革への「反動」であったことなど、我々にとっては、どうでもいいことだった。明治維新の「敗者」の家系の私、それに明治維新の敗者の群れが落ちのびた北海道の労働者たちが、新撰組に血を沸き立たせたのは偶然とはいえ、何かの縁を感じる。

そして、急進的な「新撰組」のイメージにぴったりの男が、あるとき私の前にあらわれた。彼の名は唐牛健太郎。

第三章　安保闘争の嵐と国労本部青年部長の日々

一　安保闘争の嵐のなかで

（一）安保と労働運動を結びつける

六〇年安保闘争前夜、我々活動家たちは燃えていたが、職場の労働者にそうした高揚感が共有されていたわけではない。「安保は重い」という言葉も聞かれた。そのなかで、職場を一つに全体をまとめていくのは難しいという現実もあった。平和運動、反安保の共同行動の積み重ねで、そうした困難を一つ一つ乗り越えていったように思う。

どんな闘いでも安保と結びつけた。先ほど語った青函連絡船闘争などもその時期のたたかいだが、安保反対と首切り反対を結びつけたわけだ。国鉄労働者の多くは、特に肉体労働者たちは大きなエネルギーをもちつつも、現状へのあきらめに近い心情を持つことが少なくなかった。こうした労働者の状況に対しては、周囲の雰囲気を変えていくこと、雰囲気をつくることがとても重要だというのが私の考えだった。

運動には先鋭さが必要だ。先鋭な行動の積み重ねが空気をつくっていく。何か人々の心の奥にふれることが必要なのだ。五〇年代後半の国労運動において、安保という政治課題がそれだった。安保体制が進んでいる、日本が戦争の基地にされる、これに対する行動を喚起することが労働者の心をとらえていった。

安保はアメリカに対する経済的従属でもある。合理化が日増しに進んでいく。そのことと安保が身近に迫っていることとを結び付けていった。民同とはよく論争になった。安保と反合理化を結びつける我々の主張に対して、「そこまでやるのは政党の役割だ、労働組合の分をわきまえるべきだ」と民同は主張した。彼らは労働者政党と組合との機能分担論だった。それに対して我々は、政党であろうと組合であろうと重要な政治課題には真剣に取り組むべきだと主張した。

現代社会では、これだけ格差、貧困が進行しているのに、それを「変えていける！」という雰囲気をつくれていないのが現状ではないか。安保闘争時との違いだと思う。先鋭な社会運動が大胆に展開されるべきではないか。

(二) 唐牛健太郎との日々

●唐牛健太郎との出会い

私たち国労青年部運動は戦後民主主義の左派運動として自認しており、民同よりはるかに戦闘的な革同労働運動を誇りにしていた。ところが、である。六〇年安保闘争への激動の時代、さらに

「左」の急進的な青年運動が台頭し、私たち青年労働運動活動家の心を揺さぶっていったのである。

唐牛健太郎に一番最初に会ったきっかけは次のような事情だった。五九年頃だったと思う。ある時、北大の学生から「講堂で労働者代表として話してくれ」と依頼された。これが唐牛との出会いとなった。私は国労北海道青年部長として出かけた。「国労青年部が話をする！」というので、たくさんの学生が集まってきた。この集会は青年と労働者との安保に向けた共同行動となった。その後何回かこうした集会が開かれた。事実上の労学共闘という形になった。

やがて「札幌中央警察署の玄関は牧野と唐牛の玄関だ」と言われるくらい、私と唐牛は対権力闘争の同志になっていった。この北大での共同闘争を、安岡正篤の高弟、林大幹の娘婿が学生の一員としてじっと見ていた。後にそのことがちがった縁を生み出していくことになるのだが。

唐牛健太郎は主には学生を組織しているが、部隊を持ち軍勢を持っているのは国労青年部の私たちのほうだった。それゆえ労働組合の側がイニシアをとらざるをえなかった。

共産党は当時、「二つの敵に対する統一戦線」を主張していた。アメリカ帝国主義と日本独占資本の二つの敵、反米愛国、民族民主統一戦線で、社会党の連中といつでも集会があれば対立していた。

そんなながで、唐牛が「今の共産党じゃダメだ」と言い出した。ブント（共産主義者同盟）を作ってやろうと言う。そのころ東京では、共産党から抜け出た学生党員たちがブント結成へと走っていた。唐牛もその影響下にあったのだろう。私はそれに反対で、今ある組織を活用することなしに、いっぺんに革命は来ないと主張した。こうして私は彼の溢れる情熱に共感しつつも、共産党の評価をめぐっては論争になった。彼らは「ブントは新撰組だ、新撰組で闘おうではないか」と言ったりしていた。新撰組の旗を真似して作って誰かがそれをアレンジした。

●唐牛のアジト

私の家が彼らの拠点になっていた。というのも唐牛が一番中心的に活動していたのは北大の恵《けい》迪《てき》寮だった。ところが恵迪寮の内情は警察に完全に割れていて、いつ弾圧があるか分からない情況だった。寮から突撃しようと計画しても、いつもその一歩手前で警察にやられてしまう。

そのために、どうしても飯を食わせてくれる所と寝る所だけは寮とは別に確保しなければならん、と唐牛健太郎が考えた。それで私に頼みにきたわけだ。私はOKした。私のおふくろが面倒を見てくれることになった。

活動家たちはみな家が貧乏だった。飯を食うにも困っている連中が多かった。そんな連中が私の家に七、八〇人は出たり入ったりするようになった。私の家は北大ブントのアジトと化した。会議をやっているときなど、家の床が落ちるんじゃないかと母は心配していた。そんなに入らないからどこか違うところでやれと言ったのを覚えている。母も「危ないよ、家が落ちちゃうよ」なんて話していたが、楽しそうな顔をしていた。

●「国定忠治のように生きろ!」

唐牛は自分が山賊の子孫だと威張っていた。たしかに、いろいろな所に出かけてはそこの人に世話になって、しかしすぐ別れて帰ってくる。そんなことがしばしばだった。カッコいいようにも見えたが、義理を欠いているように思われた。

私が怒って説教した。

「世話になったら世話になったなりに、そこで、やっぱり一宿一飯の恩義をあずかったんだから、お前、国定忠次と同じように、義理と人情に生きなきゃ駄目だよ」

唐牛と私の違いは、学生運動と労働運動との違いでもあった。唐牛は、情勢にきわめて敏感に対応し行動する点で天才的だった。しかし、ときにその機敏さが泥臭い人間関係、信頼関係を軽んじる傾向となって現われることがあったのだ。我々労働者は団結が命だ。従って「義理と人情」を重んじる。学生運動のような人間関係のつくり方とは違っていたように思う。それが「国定忠治のように生きろよ」という私から唐牛への忠告となったのだろう。

●東京と北海道、どっちを選ぶ?

あるとき、ブント書記長の島成郎が唐牛を全学連委員長にしようと札幌に説得に来た。島成郎は別のところで書いているのだが、「どうしてもあのスター性のある男を東京に連れていきたい」と彼は考えたのだという。ところが唐牛は母一人子一人の身だ。それで、この説得に苦労したという。

島の説得に影響されたのか、ある日、唐牛は私に言った。

「ブントをやるのには、やっぱり東京に行かにゃならん。札幌じゃ運動を十分に展開できない。

やっぱり東京だ」

そう言いながらも唐牛は母親と別れるのはつらかったらしい。

「おふくろを一人函館に残していくのか」

そうため息をつき、涙を流して一週間ぐらい悩んでいた。だが、結局「俺はもう東京へ行くことに決めた」という。

私は「行くな」と説得した。当時、北海道の青年労働運動は盛り上がりつつあった。「北海道で汽車を止めたらどうなる」と論争をふっかけた。

また、私は闘争は「拠点」をもたなくてはならない、という思いもあったから、「お前と二人で北海道を拠点にしよう」と持ちかけた。私にとっては北海道こそが拠点だった。

唐牛に「北海道を占領しよう」と語った。北海道では民同系労働組合が強かったから、これを打破して北海道を占領してやる必要があると語った。

「北海道独立運動をやろうじゃないか。そうでないと、ただ安保反対と叫んでも、何がなんだかわからんのだ」とも話した。

●人を惹きつける力

だが、結局唐牛は納得しなかった。「北海道では舞台が小さい」と。この大衆運動の動員力を背景に今こそ中央突破だと、唐牛は熱く語った。最後に唐牛は「これ以上牧野さんと話すのは時間のムダだ。労働者の日和見だ」と言った。

たいしたものだと思った。我々は田舎者だ。北海道から全国へと言ったって、我々国鉄労働者は、線路の続く限りの範囲で動かざるをえない。函館から海を渡るのは、やっぱり気持ちが緊張するのだ。とても自分にはできないと思った。

唐牛は人を惹きつける力があった。会議のときなど、一人で一時間でも二時間でもしゃべっていた。あれだけのパワー、情熱を持ってものにぶつかっていく、生半可ではなかった。だから唐牛を止められず早死にさせたのは、あの当時の夢が壊れる思いだ。唐牛は夢を持っていた。あの人物を死なせたというのは痛ましい。

唐牛健太郎

一九三七年に函館市温泉街の湯の川に生まれた。一九五九年六月、全学連一四回大会で全学連委員長となる。委員長就任直後は、関西地方学連、京都府学連の主導権確立のために「貼り付けオルグ」として五ヶ月間関西地方に常駐。同年末に帰京し、首都圏における学生運動の舞台に本格的に登場。一九八四年直腸がんで死去。享年四七歳。

ブント書記長だった島成郎によると、「北海道は当初からブントの強い地方でもあった。東京も関西もまだ混沌のなかにあった。創立大会の時にも最も多い六名の代表をおくってきたし、全道殆どの大学に細胞を確立、地方委員会をも発足させていた」（島成郎『ブント私史』）

島成郎は唐牛との出会いについて次のように回想している。

「いつもニコニコ笑って他の連中からみればむしろ控え目でいるのだが、東京の者にはみられない大ざっぱでカラリとした明るいたくましさと、直感的に本質を見抜く詩人の感覚を併せもった風格は、スラッとした長い足とまだ幼かった紅顔の少年の容姿とも相俟って鮮やかな存在として私の中にあった」

また全学連委員長を引き受けたときの印象についても次のように語っている。

「〈東京の奴は酒をのまねえんじゃないかな?〉と一言いっただけで引き受けた彼の態度には、その後一貫してあった〈生活は賭けである〉という信条が既にあらわれていた。賭けはなされた」(同)

(三) 安保闘争――〈生き方としての統一戦線〉

●細井宗一と唐牛健太郎

唐牛健太郎が新左翼学生運動の雄として安保闘争時に私の前に登場したとすれば、労働運動の立場で私たちに安保闘争の意義を説き導いてくれたのは細井宗一だった。思えば、この二人は対照的な運動家だった。

細井はディミトロフの『反ファシズム統一戦線』を引用しながら、統一戦線の重要性をさかんに説いた。安保闘争が高揚した際、学生運動が暴力化してくる。「それじゃまずい、暴力化しないでやるべきだ」というのが細井宗一の考えだった。急進的な運動の方向に多数者が動くほど組織は簡単ではない。

細井には組織へのリアルな見方があった。そのときに細井宗一に言われたことで印象的なのは、「労働組合が学生運動を応援するのはいいけど、学生運動に煽られて労働者が闘争するなんていうのは下の下だ」という言葉だった。

私は「一回、話してみてくれ」と言って、細井と唐牛と話させたことがある。そのときはもう唐牛は「天の人」で、聞く態度ではなかった。あくまで突撃してやるという姿勢を崩さず、自信に満ちていた。

今にして、あの頃の雰囲気では、それは当然だと思う。私は労働運動をやりながら、唐牛らの急進的な闘争には一目置いていたし、党の指導から離れて自由に闘争できる彼らを羨ましく思うこともしばしばだった。同時に、細井の沈着さにも感心させられた。

安保闘争当時、安保反対国民会議が右から左からみんなよせ集まって構成されていた。そこでも細井は役割を果たした。岩井総評事務局長が細井から知恵をもらって、安保共闘会議の当時の作戦を練り上げたわけだ。

そしてその指導の下、我々はワッショイワッショイやって、フランスデモを銀座の通りで大々的に展開した。安保国民会議は総評社会党ブロックが主導権を握っており、共産党はオブザーバーだったのだが、総評岩井事務局長と共産党員である細井とが太いパイプでつながっていたわけである。

●青年安保共闘

国労青年部の中央常任委員だった私は、この時期、札幌と東京とを行き来しながら歴史的安保闘争を闘ったのであった。

安保闘争の頃「青年安保共闘」がつくられた。全学連と総評傘下の労組の青年部、社青同、民青などがともに青学共闘（安保廃棄青年学生共闘会議）を組織した。同青学共闘は国民会議の幹事団体の一として、その代表は、国民会議の幹事会に常時出席した。

この青年安保共闘では、後に社会党の代議士になる社青同委員長の西風勲、そして民青委員長の前田稔らと一緒だった。しかしこの運動のなかで、最も力をもっていたのは組合青年部だったと思う。我々、国労青年部運動もこのなかで大きな役割を果たしたのだった。ここに青年労働者の行動力が発揮された。

だから、西風は私としばしば交渉をもとうとしていた。お互いに仲が良かった。私は民青の代表でもなんでもないのに、まるで民青のリーダーであるかのように、西風は対応したのだった。民青と言っても、当時はまだ職場の中に十分には根を張っていなかった。だからよけい、戦闘的労組青年部の役割が大きかったのである。我々はみんな、日比谷でよく集会をやったものだ。

この青年労働者の行動力と、安保国民会議とのテンポは必ずしも合わなかったのではないか。岩井章も青年部運動の行動力を恐れていたように思う。細井が間に入って「一緒にやらなくてはだめだ」と言われたことを憶えている。

●政治ストと革同のイニシア

六〇年安保闘争で国労が六・四政治ストをうった。経済闘争に自足しがちな民同が国労内で圧倒的だったが、そのなかで国労を政治ストに導く上で細井の果たした役割は大きかったと思う。鉄道関係の順法闘争＝ストライキは、ダイヤへの影響も含めて計算しながら敢行される。そういう配慮ができるのは、国鉄新潟闘争をくぐりぬけた細井の真骨頂だったと思う。新潟闘争は処分撤回を掲げて行われた無期限順法闘争だった。

国労による六・四政治ストを民同系は当初いやがった。しかし細井ら革同のイニシアもあって全国的に敢行された。六・四ストは始発二時間、運転手、機関士中心に行われた。東京では、そうした職場は革同の拠点だった。おそらく細井ら革同系中執が、革同拠点職場を中心に指定して、スト指令を発したのだろう。そしてこれが、その後の政治ストの大きな突破口となったのである。これに続く六・一五、六・二二政治ストではスト指令は民同拠点へ、最後には全体にまで広がっていくことになる。

北海道でも安保反対政治ストを大規模にやりぬいた。感動的だった。この闘いが、安保闘争にもった意義ははかりしれないほど大きい。安保闘争は広範な市民と同時に、組織された労働者が闘いに立ち上がったのだが、そのことを最も象徴的に示したのが、国労の反安保政治ストであったと考えている。

国労の政治スト

労働運動研究者の清水慎三は安保闘争における国労の政治ストを次のように高く評価している。

「（安保闘争）その後期＝高揚期にはたした役割として特筆されるべきことは国鉄労働組合を主力とした三回に及ぶストライキであった。とくに六・四ゼネスト成功の意義は大きい。そのストライキが強力なものでなく、ストライキ行動の波状的発展が見られなかったことに対するトロツキスト集団や一部知識人の非難があったことは確かである。だが、組織分裂に悩む国鉄労働組合としては精一杯の前向きの努力であったことも認めざるをえない。それ以上に、はじめて政治ストを敢行しえたという自信が将来に残した可能性を高く評価するべきであろう。事実、国鉄労働組合のなかには〝安保のようにたたかえば〟が実感として長く定着しているのである」(『戦後革新勢力』青木書店、一九六六年)

一九六六年に書かれたこの清水の評価は、的確なものだと思われる。

●かわる労働者の意識

思えば、安保闘争のなかで、国鉄労働者は本当に鍛えられていったように思う。私は国労青年部で最も先鋭な活動を展開していたわけだが、国労運動全体を見ると、全国的には、五〇年代全体にわたって、定員法・レッドパージの傷跡が深く残っていたのである。警職法反対のときなども、「ストライキ」と公然とは言えず、「職場大会」と称して、事実上のストライキを打っていたのが、多くの地域の現状であった。そうした国鉄労働者たちの状況が、職場が、安保闘争の度重なる統一行動の積み重ねによって大きく変っていったのである。学習会やデモへの参加によって、国労組合員の意識は変っていった。困難な中で、職場闘争を続けてきた私たち革同の活動家層は、そのことを、感動をもって受けとめていたのである。

●札幌の街中でも

新聞やラジオでは連日のように国会をとりまく大デモンストレーションが報道された。それらに接するたびに、我々地方の活動家たちも胸を熱くしたのだった。高揚感を共有していた。

こうした高揚は、札幌の街なかでも生まれていった。札幌の街中をデモで埋めたときの感動を忘れることはできない。この安保闘争の高揚こそ、私たちがそれまでの十年間で職場闘争から平和運動まで全力で駆け抜けてきた闘いの集大成でもあったのだ。

こうした反安保地域共闘は、北は北海道から南は九州まで様々な地域で高揚していたのである。徳沢一が当時活動していた北九州では、板付飛行場を、福岡県評、社会党、共産などで一〇万人規模で包囲したのだった。その原動力は、炭労、国労であり、彼らは行動派の活動家集団だった。ここでは、社会党右派まで含む広大な統一行動が実現していたのである。

しかし同時に、私は安保闘争のたたかいのなかで、共産党の労働組合指導の限界を感じずにはいられなかった。共産党は高揚する大衆運動を、変化する情勢に機敏に対応しながら指導する力量をもっていなかった。にもかかわらず、我々党員組合活動家は党からの指示待ちという面を否定できなかった。自分たちの運動以外、いかなる政治的権威にも従属せず奔放に運動を展開していた唐牛たちブントの運動が、心底羨ましく思うことがあった。

●母の支え

当時の私の活動を、母は献身的に支えてくれた。母が唐牛たちを家にかくまい、面倒をみてくれたことについてはすでにふれた。あるとき我が家の前に警察の詰め所ができた。そこから四六時中監視された時期があった。我が家の庭には小屋があり、そこには労働運動、政治運動に関わる重要文書が置いてあった。私が捕まったら、これらの文書を燃やすことになっていた。母はもの静かな人だったが、警察の制服を着ている人間を決して家に入れることはなかった。そういう時になると意思の強固な人だった。

私の考え方を、理屈として理解していたわけではない。私は母に「もう少し我慢すれば、世の中平等な社会主義社会になるんだ」と熱く語ったことがある。始めの頃、母に「お前、夢でも見てるんではないか」と言われたことを思い出す。確かに、あの頃の私は、夢を喰って生きていた。でも私の正義感にまかせた行動を、誰より理解し支えてくれたのは母だった。やがて彼女は「社会は変わる」という私の信念に共感し、死ぬまでそれを信じてくれた。母は息子の理想を「信じる」人だった。今にして思うと、母の苦労がいかほどのものだったろうと思わずにいられない。「孝行したいときに親はない」という言葉を、今かみしめている。

●「統一戦線馬鹿」

安保闘争の経験は、私に統一戦線の考え方の大切さを、心底教えてくれた。

民同は一つの敵、独占資本との対決だった。しかしこれでは安保体制は十分に位置づかない。アメリカ帝国主義と独占資本――この「二つの敵」という考え方は、安保闘争の高揚期に、労働者たちの中に比較的スムーズに入って行ったのではないかと思う。

いつでも「二つの敵統一戦線」を唱えていたために、「統一戦線馬鹿」と言われた。民同の連中は、私が発言すると「また二つの敵統一戦線か？　馬鹿が……」と言って冷やかした。地本の大会では私の発言に野次が飛んだこともしばしばだった。しかし、私はそんなことにめげず、誇りをもって主張していた。

こうした統一戦線の考え方は、細井宗一から大きな影響を受けたものだ。細井は統一戦線の考え方を論じ、そして実践してきたのだ。こうした影響を受けつつ、実践の中で、私の統一戦線論は、もはや戦術論を超えた信念にまで高まっていった。

私にとって、統一戦線とは単なる政治スローガンではなく、生き方そのものになった。

統一戦線は大きな力になるが、それだけ困難がつきまとう。多様な要求、多様な意見を言わせるだけ言わせて、思惑は異なるが共に走る——これが統一戦線だ。これに自分の利害が絡んではダメだ。民族民主統一戦線、みんな仲間だ。これなくしては、みんな仲間内でケンカばかりしなくてはならなくなるではないか。私は、この〈生き方としての統一戦線〉を、その後の自分の信条にしていった。

●あの大闘争の総括を！

今思うに、あの安保闘争を突き動かした大衆的エネルギーを背景にして、岸内閣打倒にとどまらず、もう一歩踏み込んだ政治的成果を勝ち取れなかったものだろうか。それがなしえていれば、今日の政治状況はもう少し違ったものになったのではなかろうか。そのことが悔やまれてならない。

さらに、あの大闘争を生み出していった活動家層のエネルギーは、今いったいどこへ行ってしまったのだろうか。あの闘いを突き動かした人々のエネルギーが、その後継続的に組織されていったとは思えない。その理由の一つは、理論的総括の欠落だ。「一生懸命に動いた」というだけになってしまい、その人々のなかに国民的経験として十分に蓄積されていないように思えるのだ。私などもそうだが、安保闘争前後に馬車馬のように活動した後、あの闘いを理論的に総括していないのである。国労・革同も総括していない。そして実はその最たるものが日本共産党ではないだろうか。

二　国労本部青年部長の日々

（一）国労本部青年部長

●革同の「片肺政権」

一九六〇年九月に、私は国労本部青年部長になった。それには前史があった。

五八年九月、大阪で青年部の活動をしていた革同の仲間である加川義夫君がわずか二票の差で青年部長に選出された。「定員法」レッドパージ以降はじめて、全国の国労青年部長の座を革同が握ったわけである。これから三期、革同の活動家が青年部のヘゲモニーを握ることになる。私は、その時に国労青年部の中央常任委員になった。加川君はなかなかの理論家だった。彼を支えながら、私たちが地方から積極的にオルグしていったのである。

加川君の後を受けて、六〇年九月から三年間、私は国労青年部長をつとめた。青年部に当選したときは、加川君と同様二、三票差のスレスレだった。革同系代議員の票だけでは当選できなかっただろう。北海道・釧路の民同系青年活動家が私に投票してくれた。彼とは、ともに北海道の国労運動を闘ってきた信頼関係が培われていた。民同はその後「犯人探し」をしていたようである。青年部副部長は民同系が握り、この時期の青年部は革同の「片肺政権」の時代だった。

民同系の一部には「田舎者に何ができる」という雰囲気もあったが、そんなものを実践によって突破していった。

私は安保闘争直後に青年部長になったわけだが、安保の余熱が今でも忘れられない。急進的な学生運動の一部には挫折ムードもあったようだが、私にはそのようなものは全くなかった。「安保のように闘おう」が我々のスローガンだった。

●「うんと働こう」

私が青年部長になって採択したスローガンは、「うんと働き、うんと遊び、うんと学び、うんと行動して要求をかちとろう」というものだった。当局はこのスローガンに驚いていたようだ。それまでのスローガンは、「合理化反対」「運賃値上げ反対」などお決まりのものだった。その型を破ったわけだ。

同時にこのスローガンには、「精一杯行動を起こそう！」「行動しなくてはだめだ！」という呼びかけが含まれていた。「歌って踊って民青」と言われるような風潮と一線を画す気持ちもあった。事実、この時期の果敢な実践によって、国労内共産党も増えていった。そして、この六〇年代前半の共産党の青年労働者への浸透こそが、民同に恐怖感を与え、あの四・八声明問題の悲劇の伏線になるのである。

もう一つ、こうしたスローガンに私は「大いに仕事をしよう」というスローガンを組み入れた。労働組合活動家は仕事をしっかりやるべきだ——という考え方が私の運動観の基礎に座っていた。こうした考え方が形成されるには、前に述べた私の貨車連結職場の経験が大きな意味をもっていた。同時に仕事を大事にする細井宗一の考えの影響もあったかもしれない。

ところが、革同活動家の中には、こうしたスローガンに反対する者もいた。「大いに仕事をやると言ったって、我々は搾取されているんじゃないか」と言うのだ。私にはこうした意見は屁理屈に聞こえた。

この「うんと働こう」というスローガンは、結局、その後の国労運動のなかで十分に具体的に展開できなかったかもしれない、と今にして思う。このことを切実に運動の課題として重視せざるをえなくなるのは、国労運動の曲がり角となる、七〇年代の後半以降ではなかろうか。

「仕事をキチンとする」

細井宗一はその編著書『労働組合幹部論』（学習の友社、一九七一年）のなかで、以下のように述べている。

「組合幹部・幹部活動家が指導性を発揮するには、仲間から信頼されていなければなりません。信頼をえる一つの要素として、職場で共に働いている仲間に、仕事のうえで迷惑をかけないことが大切です。自分に与えられた仕事をキチンとするとともに、ともに働いている仲間の仕事をも援助してやることが、幹部・活動家の大切な一つの条件です。……

しかし幹部・活動家のなかには、自分に与えられた仕事を真面目にやる、ということに、かなり抵抗を感ずる人がいますし、また、経済学の剰余価値の理論を少し勉強した若い活動家で、労働時間の三分の二は剰余労働だから、サボルのは当たり前だという人がいます。この考えは労働者の団結をつよめるうえで正しくありません。……

わたしは、戦後、機関車乗務員から機関区の事務掛になりました。仕事内容は運転統計で、旅客、貨物をどれだけ輸送したかという統計と燃料（石炭）消費の統計の仕事をしていました。会計などの仕事とちがい、列車は毎日走っているのですから、わたしが一日休めばそれだけ、仕事量はたまるわけです。たまたま、昭和二十四年の定員法による首切りの前のときですから、組合の活動もとても忙しかったわけです。組合の会議や集会で、勤務時間中にも出席しなければならなかったことが多かったわけです（当時、それはできたのです）。このような活動をしていると、仕事はたまる一方です。ところが、毎日の統計をだして現場長に報告しなければならないし、乗務員の旅費計算をする会計にも、燃料助役の方へも結果をまわさねばなりません。さらに一ヶ月ごとにまとめて、鉄道局へ結果を報告しなければなりません。組合活動で仕事が進まないと、自分の仕事がたまるだけでなく、関係する仕事をしている人に迷惑をかけることになります。そこで、わたしは、仕事が残っているときには、組合活動が終わってから、夜の十時頃から職場で仕事をしたりしました。

こうして、わたしは組合活動もやったが、仕事のうえで他人に迷惑をかけないよう努力しました。昭和二十四年の定員法による首切りからのがれたことや、二十年余りも本部に出ていますが、今日なお職場からつよい支持をうけている一つには、このことは見のがすことのできない要因であると思っています」

●全国を飛び回る

賃金闘争については、この時期の闘いで底上げをはかっていった。国労青年部として厚生省や労働省にも陳情に出かけた。賃金が安い分、何でもとってやろうと、企業内福祉の充実のために働きかけた。結婚手当て、住宅手当てをよこせといった要求を出した。国労の取り組みで、結婚手当て三〇〇〇円が出されるようになった。「国労は何をもってくるかわからん」と言われたものだった。国鉄の内部の福利厚生が整う契機はこの頃の闘いによるところが大きいのではないか。

全国の青年部長になってからは全国津々浦々の地本を飛び回った。なかでも、人見美喜男君のいた大阪地本が印象的だった。大阪には特有の考え方や話の進め方があるのだな、と思った。北海道しか知らなかった私は、この活動の中で、世界がまた広く開けた感じがした。人見君とはこの時期に親しくなり、生涯の友となった。

●「演説の牧野」

私は様々な場面で演説をする機会が増えた。国労出身の共産党衆議院議員に鈴木市蔵がいた。後に四・一七問題、部分的核実験停止条約の評価をめぐって共産党中央の宮本顕治らと激しく対立し、志賀義雄、中野重治らとともに除名された人だ。彼の演説はとても上手かった。明快で、天を衝くような演説だった。あんな風に演説できるといいなと思っていた。

私の演説がとてもいいと誉めてくれる友人たちもいた。細井の次にうまいと言ってくれる人もいた。私が心がけたのは、労働者の普通の言葉で語る、ということだった。左翼労働組合活動家たちのなかには、論文調で話す人も少なくなかったが、私は普通の言葉で分かりやすく語りかけるようにした。国労大会では、細井がいなくても、「牧野がしゃべる！」というので民同系にも緊張が走ったようだ。

六〇年代初頭、総評が『週刊新潮』などの商業週刊誌と張り合って自分たちの週刊誌を作ろうという構想がもちあがったときがある。太田、岩井らの構想だ。私は総評大会の場で、「労働組合が週刊誌作ったってかなうわけない、そんな計画は莫大な金がかかるだけだ」ということを、普通の言葉で語って岩井章と論戦した。会場の共感をかちえたことを覚えている。「牧さんの演説はわかりやすい」と言ってもらえて嬉しかった。

●「全般的危機の第三段階」

演説と言えば、私は当時、さかんに「全般的危機の第三段階」を扇動っていた。当時、「全般的危機の第三段階」論は、日本共産党やその影響下にあるイデオローグたちの、重要な世界認識だったと思う。これは、もともとは、私が細井宗一の影響を強く受けて、飛びついたものだ。やがて来る、資本主義の破局と明るい社会主義の未来を確信していたのである。「革命近し……」というわけだ。その背後には、国鉄の職場闘争や青年部運動の前進、そこから来る確かな実感もあったのである。当時、岸内閣の大蔵大臣をつとめたこともある元日銀総裁・一万田尚登の「世の中が変ってきている」という発言も引用して、鬼の首でも取ったように演説したのをおぼえている。

一方で、「全般的危機の第三段階」を語り、他方で「新撰組のように突撃しよう」と青年労働者たちを扇動する。それが私のアジのパターンだったように思う。青年部労働運動のロマン主義だったかもしれない。今にして思うと、漫画だ。

徳さんは、そんな私をひやかす。「ゼンパンテキキキ？　よくわかんねえな」「第三段階？　一つ目と二つ目はどうなってんの？　ピンとこねえなあ」というわけだ。徳さんは、運動にコミットしているマルクス経済学者たちにも、そんなことを吹っかけては、からかっていた。観念的なリクツを重んじない、〈経験〉主義者らしい徳さんの個性がよくあらわれている。彼は活動家として、私とは対照的な個性なのだ。

「全般的危機」という世界認識は、その後の日本の高度成長という事実そのものによって、そしてソ連東欧「社会主義」の崩壊によって、無残にも破綻することになる。しかし当時の私には、そんなことは思いもよらなかったのである。

●安全問題

六〇年代前半は、国労運動が安全問題に力を入れ始めた時期だった。安保闘争が重要な契機になったと思う。画期的な六・四ストを遂行したのだが、汽車を止めるからには、安全問題も含むそれ相応の社会的責任を果たそうということになったのだと思う。一九六二年には常磐線三河島駅構内で貨物列車と電車が接触し、そこに別の電車が進入接触するという三重衝突事故が発生し、死者一六〇名、重軽傷者二九六名という大惨事が発生した。一九六三年には国鉄鶴見での事故、同年三池炭鉱でも炭塵爆発事故がつづいた。これらの事件も組合に大きなインパクトを与えた。安全・

安心に列車を走らせるには、労働者の賃金もきちんと保証せよという要求闘争を行っていった。青年部運動でも、安全問題に力を入れて活動していったのである。ＪＲが現場労働者を締め付け、事故も頻発する現状を考えると、こういう闘いの歴史をもう一度想起する必要があるのではなかろうか。

●「賃上げ」と「運賃値上げ反対」との間

この時期に、東京駅の八重洲口でよく宣伝活動もした。駅の職員のなかでも、民同—革同に分かれた状況だったが、革同の仲間たちと連携しつつ、宣伝行動をした。運賃値上げ反対、安全問題などをとりあげてビラを撒いた。どうしたら安全になるのか、そこで働く労働者の賃金を上げていくことが大事ではないか、などを訴えた。客のなかには、ビラを受け取り激励してくれる人もいた。同時に「改札の態度が悪い」「こんな電車に乗せやがって」などという批判の声もあった。「運賃を割引しろ」という声もあった。

我々はこの宣伝で、賃上げと運賃値上げ反対運動をスローガンとして訴えた。すると客の中に「お前たちは自分の賃金が上がれば運賃値上げ反対のスローガンを降ろすのだろう」と言う人たちがいた。確かにそういう一面はある。最初のときは、そうした反応にクシュンとしたこともあった。

しかし次の年から、「公労協の賃金が決まると全体の賃金が決まるのだ」「俺たちがやらなくては誰がやるんだ！」と語ると拍手してくれる人たちもいた。そういうことを胸を張っていえるような空気をつくれていたのだと思う。誰かが行動していくことが大事なのだと思う。

東京と札幌との地域的な違いも考えさせられた。札幌では宣伝していても反応が遅い。客からの意見も出ない。ところが大都市東京では反応がびんびんと返ってきた。

それにしても、労働組合の論理と国民的利益との間には、共感と同時に、微妙なズレもある――そのことを私は、皮膚感覚で受け取ったのだった。当時は、それほど深刻には受け止めていなかったのだが。そうした微妙な齟齬を、支配層が徹底して利用し、我々の仲間を窮地に追いつめていったのは、それからさらに二〇年後のことだった。

●国労中央執行委員会

青年部長として、私は国労中央執行委員会に参加した。ここでは、青年部として他と対等に発言した。私の前の加川青年部長の時からそうだった。彼など中央執行委員会が始まると、最初に手をあげ、活発に発言し、国労の青年労働者の権利向上につとめていた。私もそうした姿勢を継承していたのである。教宣部長に「お前らいいよ、好きなことを言っていればいいのだから」と言われたこともあった。

国労には、こまかく分ければ一〇〇、大別して約二〇種類もの実に多様な職種が結集しているが、それらを調整するのが職協（職能別協議会）だった。多様な職種の利害を討論の中で調整しているところを見ながら、国労の民主主義的運営につくづく感心した。

国労の中央執行委員会には、細井、子上らと共に出席していた。どの職場でストを打つかなど、最も重要な会議の前には、グループ会議で意思統一も行った。しかし通常はそうしたグループ会議は開かなかったように思う。「閉鎖的な派閥になるとよくない」という歯止めの意識が革同グループに共有されていたからだと思われる。

●多様性のなかの統一

五〇万国労の中央執行委員会というと、かなりのものだ。多様な諸潮流、利害が割拠している。それらをさばいて、統一戦線を形成していくには大きな力量が求められる。多様性のなかに、統一を見出していかなくてはならない。そうしたことを見事にやってのけたのが、細井宗一や子上中央執行委員だった。

細井は統一戦線をとても大事にしていた。彼は原則を譲らず、相手にわかるように発言した。そういう細井に、私たち革同の若手は心酔した。国労の主導権を握っていたのは民同であり、革同は国労の反主流派だった。しかし国労全体をまとめる上で、革同の力は大きかった。細井、子上は主流派と話のできる数少ない革同リーダーだった。主流派が戦術を出す場合にも、細井、子上に相談をもちかけたくらいだ。大闘争になればなるほど、そうだった。安保闘争における人の配置など、細井のリーダーシップによるところが大きかった。

そして、近年まで、こうした革同の統一戦線の作風をもっとも受け継いでいたのがわが親友・徳沢一である。彼は「相手を認めたうえで、一致点を模索する」ことを常に考える、優れた統一戦線運動家だった。その彼のあり様が最も見事に現れたのが、後に見る分割民営化反対の闘いの過程においてであった。

●細井宗一の国際感覚

細井宗一の功績は、実践家として、ヨーロッパの労働運動を実践的に日本に持ち込んだことである。学者、研究者がそうした役割を果たしたことは、かつてあった。しかし、実践家がそうした役割を果たしたことは稀有である。

細井は、統一戦線に対する強い執念をもっていた。それは、彼が何度もヨーロッパ労働運動と接触し、そこから得た教訓だったのだろう。そして国労という労働組合組織が、そうしたインターナショナルな労働運動の情報交換を保証していたわけである。

細井宗一は、既に一九五〇年頃にすでに世界労連の大会に出席している。それまでに日本の労働運動には「団結」という言葉しかなかった。そこに世界労連の「統一と団結」論が入ってくる。「統一と団結」を主張し始めたのは、国鉄革同が最初であろう。その際に細井は大きな役割を果たしている。「団結」だけなら一つの組織で足りるが、いくつもの組織がある以上、「統一」という考え方が必要になる、細井はそう言った。

当時の世界労連の水準は高く、そこでは統一行動、統一戦線についての、豊かな実践に裏打ちされた議論が展開されていたのだった。世界労連の大会のたびごとに、細井は各国のリーダーたちと接触し、ヨーロッパ労働運動を観察していたに違いない。当時、国際会議の場で、「一人で昼飯を食うな」、「どれだけ多くの指導者といっしょに昼飯を食うかが、彼らと懇意になる条件だ」と言われたことがある。細井は、国際会議の場で、彼の人脈を広げ、ネットワークをつくりながら、日本の労働運動変革の構想を練り上げていったのであろう。

●細井の構想力

革同の組織論は、分会レベルから地本、全国レベルにまでわたるものである。五〇年代半ば当時、対する国労・民同は岩井章らが社会党員協議会をつくる。それと対照的な動きが、国鉄・革同会議という組織体として実現していくわけである。革同会議はあくまで大衆組織なのであって、政党から独立しており、そこには共産党員活動家が多かったものの、実際には社会党員も無党派活動家層も結集していたのである。こうした活動家集団組織論は、画期的な意味をもっていたのではなかろうか。

しかし、実はこうした革同組織論について、細井宗一はもっと先の大きなことを構想していたようなのである。徳沢一によれば「細井さんは革同方式を他の単産にも広げようとしていたのではないか」。

五〇年代後半には、例えば日教組などでも、無党派活動家が多くいた。そうした条件が、当時の労働運動にはあったのである。

「**革同構想**」（徳沢一のはなし）

徳沢は細井の構想について推測している。

《革同のような無党派統一戦線組織体を国労レベルにとどめず、やがては横断的な労働運動全般に広げよう。そして、それらを基礎に、横断的に結合させつつ、ナショナルセンターの指導権を奪い取ろう――こんな遠大な構想を「細井のだんな」（「だんな」は細井の通称だった）は抱いていたのではないか。細井さんは労働者教育運動にも力を入れたけれど、細井さんにとって労働者教育運動は、産業を越えた全国的な左派労働運動結集を戦略的に構想していたのではないか。労働者教育運動のなかでも、ナショナルセンターの指導権を視野に入れていたのではないか、ワシにはそう思える》

ここに細井の壮大な志を感じる。細井は、国労運動を拠点にしつつ、常に、天下をとること、体制変革を考え続けていた気がするのだ。それだけスケールの大きい労働組合運動指導者だったのだろうと思う。「国鉄労働組合」という枠に、到底おさまらないような指導者だったのである。私が細井に惚れ込んだのも、こうした細井の構想力に惹きつけられたということもあったろうと思う。しかし、こうした構想は、残念ながら現実に実ることはなかったのである。もし、細井の構想が実現していれば、日本の労働運動の様相は大きく変わっていたかもしれないと私は夢想する。

細井の構想力と理論活動

「スケールの大きい労働組合運動指導者」。こうした牧野の細井評と通じるのが、一九七〇年前後の細井の理論活動である。

細井は一九七〇年に刊行された大月書店『労働組合運動の理論』シリーズに論文を執筆している。第五巻には「産業別統一と戦線統一の諸問題」、第七巻には「統一戦線と労働組合」（分担執筆）を執筆している。これらはマルクス経済学者・堀江正規らとの共同研究である。また一九七一年には、編著書『労働組合幹部論』（学習の友社）を刊行している。おそらく、共産党の労働対策部の有力メンバーだった時代の旺盛な理論活動であろう。これらはみな、「国鉄労働組合という枠に、到底おさまらない」細井の知的活動の一端を示していると考えられる。

また、細井はこの時期、民青同盟機関誌『青年運動』座談会などにも出ており、細井の一連の著書は民青本部の活動家にもよく読まれた。七二年の「新日和見主義」事件に連座した者たちの多くも「細井から大きな影響を受けた」と語っている。

●綱領論争——二つの敵統一戦線

安保闘争以来、私にとっての闘いの理論的基礎が、共産党による「二つの敵統一戦線」の考え方だった。アメリカ帝国主義と日本独占資本こそ「二つの敵」だという把握である。当時共産党は綱領論争真最中でもあったが、私は「二つの敵統一戦線」論を強く支持していた。民同系が反独占にもかかわらず、反アメリカ帝国主義と結びつけるのに反対であって、これが路線上の対決点だったことも関係していたと思う。

私は共産党の路線を基礎に、民同系の運動論と対決していたわけである。私は党を離れた今にして、あの「二つの敵統一戦線」の運動思想はその後どうなったのかと問わずにいられない。ある時期から、何の説明も抜きにこのスローガンが姿を消してしまったように思えてならない。あのスローガンの功罪をしっかりと総括するべきであって、なし崩しに変えるのは、あの時代を駆け抜けた活動家としてとうてい納得することはできない。

●在日朝鮮人を臨時工に

この統一戦線の考えは、日本人だけでなく朝鮮人、中国人にも及んでいたと思う。在日朝鮮人、中国人を意識的に国鉄臨時工に雇わせるようにした。非公式の場でそうしたことを強く当局側に迫った。

こんなこともあった。国分寺に中央鉄道学園という鉄道教育施設がある。朝鮮総連の関係者が、彼らの運動会会場にそこを使わせてくれないかと頼んできたことがあった。私はそれを受けて、一年に一回、彼らのために使わせてくれないかと、当局に頼んだ。工作したわけだ。国鉄官僚には「牧野、何でそこまでやるのか?」と言われた。

こちらが粘って一回ＯＫをもらうと、しめたものだ。あとは役所的に「前に返事をもらったから」とこちらが主張すると、前例通りに進めることができた。

彼らはずいぶん感謝してくれた。私がのちに本屋を開業したとき、「おめでとうございます」と挨拶までしてくれたのには驚いてしまった。

「戦争反対」というだけでは一般的に過ぎる。民族同士、そしてアジアの民衆の仲間としてお互いに仲良くしていく中で、戦争反対になっていかなくてはならない——それが私にとっての民族民主統一戦線だった。

●フランス、イタリアを訪ねて

国労青年部長としてフランスを訪ねる機会があった。フランスではびっくりした。地下鉄労働者がストをやると、普通の労働者たちが「地下鉄だけ闘わせるわけにはいかない」と言って、連帯して立ち上がっていく。こうした姿を目の当たりにして、驚いてしまった。日本の労働者は、そこまで行っていないと思った。

フランスのデモは多種多様であり、各階層が自由にデモンスレーションに参加しているのも印象的だった。王子製紙の闘いをみても、炭労の闘いを見ても、日本では統一戦線が不十分だと思う。子どものころの思い出だが、日本帝国植民地サハリンでも、地域の隣組が本当に大きい力をもっていた。警察や消防、そして隣組の班長さんの力。子どもながらにすごいなと思った。体制側の組織力に、今にして思うと、感嘆してしまう。これは彼ら支配者なりの「統一戦線」だったのではないか。我々はそうしたものを上回る協同と連帯をつくりえていない。

●動労―松崎への視線

六〇年代初頭という時代を特徴づけることが、もう一つある。それは安保闘争を契機に、新左翼運動が台頭し始めたという事実だ。それは労働運動の分野にも食い込もうとしていた。私たちは、共産党にならって、彼らのことを「トロツキスト」と蔑視していた。動労の松崎たちもそうした「トロツキスト」潮流の一つだと思っていた。

ただ、新左翼運動の流れは、当時の国労内部にはさほど影響力がなかった、というのが私の実感だ。松崎を中心とした動労の果敢な行動力が注目され始めていたけれども……。しかし私は、動労の、破壊活動も伴う過激な闘争形態には批判的だった。確かに、我々革同活動家もかつて、職制つるしあげなど、過激に職場闘争を展開した時期もあった。だが、そうした闘争形態は乗り越えられるべきだものだと考えていた。まして私は、当時の青年部運動の中で、その運動方針に「うんと働こう」と提起した人間である。要求を勝ち取ることと、「うんと働く」ことは、私にとって車の両輪だった。動労の闘争は、「うんと働く」ことから、全くかけ離れてしまう、誤った運動形態だと考えていたのである。

（二）西ヶ原寮——全国の革同の仲間たち

●西ヶ原寮での出会い

東京北区にある西ヶ原・独身寮は、革同の拠点だった。木造三階立ての建物だった。対する民同の拠点寮は、麻布にあったと思う。西ヶ原寮には、細井、子上が単身赴任しているのをはじめとして、そこに全国の革同の若きリーダーたちが集まっていた。会議室があるわけではないから、誰かの部屋を片付けて会議を行う。私たちはこの西ヶ原寮で寝食を共にした。お互いの部屋で話しこむこともあり、私はここで終生の友を得た。

かつてJR総連の会長であった松崎明も安保闘争前後には西ヶ原寮に出入りしていた。彼はまじめな活動家という印象だ。鋭く、時に狡猾さを感じたこともあったが。

西ヶ原寮で（徳沢一のはなし）

《牧野と最初に会ったのはこの西ヶ原寮でだった、と思う。細井も子上もおったから、革同の会議か何かの折りだったんだろう。ワシは九州から出てきて、本部青年部長に面白い男がいたという印象やった。たまたまテレビで井伊直弼を描いたＮＨＫの大河ドラマ「花の生涯」をやっていたことを覚えておる。このドラマは一九六三年四月から放映された大河ドラマの第一作だった。細井や牧野と一緒に見た。「本部にイキのいい若い奴がいる」と思った。

ワシが本部に出てきたのは一九七一年だったから、そのころは西ヶ原寮は廃止になっていた。もちろん、そのころは牧野は北海道に帰っていた》

●「徳さん」と団交

徳さんには後の機関助手廃止反対闘争での当局とのやりとりにまつわる伝説がある。当局との団交の席上のことである。

当局に対して「機関士は前方注意義務がありますか」と徳さんが問う。当局は「イエス」と応えるしかない。畳み掛けるように、徳さんは「機関士は後方を点検する義務はあるか」と次の矢を放つ。これも当局は「イエス」と応えるしかない。ところがこの二つは矛盾しあう。一人の機関士が後方点検した場合には、前方注意義務違反にならざるを得ない。機関助手廃止を方針としていた当局は、この徳さんの攻勢に立ち往生してしまった。結局、当局の合理化方針は後退を余儀なくされることになる。この論戦には、若き当局側の官僚も、うならされてしまったという。論戦に強い徳さんの一面をあらわすエピソードだろう。

徳さんは全国レベルや地本レベルで、日本のトップエリートたちと交渉の席上で対等に渡り合った。貧困の中で裸一貫で生きてきた徳さんが依拠したのは、現場の〈現実〉を常に当局に鋭く突きつけていく姿勢だったと思う。現実と経験から出発する徳さんの強さだ。

他面、徳さんにはもう一つの側面があった。人望が厚く、とつとつと人を説得していく彼の語りが印象的だった。徳さんが語ると回りはシーンとして聞いていた。私にないものが徳さんにはあり、考え方も、運動への切り口も違った。闘争のときに、「どう料理するか」を議論するのだが、大勢が決まりかかるときに、徳さんは「ここが足りない」「この点はどうか」と、我々が気がつかない点について意見を出して、私たちをハッとさせることがしばしばだった。人情家で温かい人柄で、周りが寄ってくるようなリーダーだった。徳沢、人見……彼らは今日に至るも、私のかけがえのない友人だ。

●細井の原稿を盗む

全国の革同グループのなかで議論をリードしたのは、指導者・細井宗一だった。細井は我々との会議・討論の前に代々木本部で、おそらく宮本顕治らと打ち合わせをしているらしく思えた。仲間たちも口にはだして言わなかったが、そんな風に感じていた。細井は代々木での打ち合わせもふまえて、我々との討論にのぞみ、理路整然と話し、また見事な交通整理をしてみせたのだった。私はたいしたものだと感心した。

ある日、友人が私に声をかけた。「牧ちゃん、今いないよ」と言う。私にはすぐにその意味が分かった。私は「行って来いってことでしょう?」と答える。

私は細井の部屋に忍び込んで、彼の机の中から、彼の講演原稿を盗み出す。それは私の格好のネタ本となった。私は翌日、地域活動家たち向け学習講演会の講師だったからだ。私は細井の原稿をもとにしゃべった。活動家は「参る」はずだった。

ところが、である。私の報告を聴いた活動家は言う。

「なんだ。あんたの話は、昨日聞いた細井さんの話といっしょじゃないか」

それもそのはず、私の報告は細井の講演の二番煎じだったのだから。

これには私も参ってしまった。

●共産党の労対

共産党員労働運動指導者たちが定期的に共産党本部に集められ、労働対策部を構成していた。労対の会議には宮本顕治も出席していた。細井は国労内共産党フラクションのキャップとして、労働対策部の有力なメンバーだった。細井が出席できないときは私が細井の代理で出席したこともある。鉄鋼労連からは今里（だったと思うが）が出席しており、彼の代理としては、若き日の不破哲三が出席していた。不破は現在の共産党の最高幹部だが、当時の労対では存在感が薄かった。目つきの鋭い荒堀広も参加しており、活発に意見を出していた。後に彼が労対の中心に座っていくことになる。それにともない、宮本は出席しなくなったように記憶している。

いずれにせよこの会議は、労働組合運動実践の現場のたたかいから遊離した会議だという思いは禁じえなかった。労対の会議では総評のスケジュール闘争への批判が出された。しかし、批判はするが現実には総評のヘゲモニーを揺るがすには至らなかった。共産党にそれほどの労働運動への指導力は存在しなかった。

（三）人間・細井宗一

●細井と田中角栄

細井は田中角栄の上官だった。田中角栄のところに行くときには必ず私がついていった。

角栄が自民党幹事長をやっていたときのことだ。我々が行くと、彼は「隊長殿！」と挨拶する。それはもう、すごい。田中角栄というのは演技者だった。片一方が単身で来るというわけにはいかない。だから私がついてかなかったらやっぱり角栄は会わない。彼の記憶力にも舌を巻いた。「おう、細井宗一の子分の牧野か」などと言ったりして、一回しかあわない私の名前をしっかり覚えている。賃上げ闘争をどうするかなど、いろいろ話をして角栄に頼む。しかし田中角栄は政治家だから彼独自の戦略をもっているし、やっぱり、簡単にうんと言わないのだが。

私の手元に細井宗一の名刺が残っている。そこにはこう書かれている。

「角栄兄　牧野です。親しい友人ですからよろしく。　国労本部中央執行委員　細井宗一」

私はこの名刺をもって、その後も国会へ行ったわけだ。

私が細井と田中角栄のところに行ったとき、「隊長殿！　久しぶりです！」と手を頭につけて敬礼する角栄の、なんともいえないユーモア。しかしあの時の角栄は決してお世辞であんなことをしたわけではないと思う。軍隊経験を共にした指導者への親しみと敬意とがこめられていたと思う。

細井は過去の軍隊経験を我々に語ることはなかった。彼は部下を何十人と従えていたわけだが、見下ろすような態度で人々がついてくるわけない。号令一下、何でも言うことをきくということはなかろう。指導者ほど謙虚な姿勢でなくては、人はついてこないだろう。

●勤勉、配慮

細井は、酒を飲まない。実に真面目な人だった。そして、深夜の三時頃まで勉強をしていた。そういう生活習慣だったようだ。そうした生活は西ヶ原寮でも続けられていたと思う。マルクス経済学者の堀江正規さんの影響を強く受けていたことでも知られている。

革同の仲間たちは、本部で細井と共に活動すると、よく原稿をチェックしてもらう。徳さんの話によると、細井に原稿をチェックしてもらうと、もともとの原稿をできるだけ生かす形で、丁寧にアカが入っていたそうだ。後輩たちへの、細やかな心配りがそういうところにも現れていたのである。対する子上に原稿チェックを頼むと、もはや原型がなくなるまで修正されてしまうらしい。これまた、潔癖な子上らしい話である。

●純粋さ

細井の人柄を特徴付けるなら、「純粋な人」と言うことだろう。そうした細井評を強調するのは徳さんだ。私もそう思う。

徳さんが次のようなエピソードを笑いながら語ってくれたことがある。かつて革同の会議の後、徳さんが「だんな、サウナに行こう」と誘ったことがあった。細井は「ベトナム人民が英雄的に闘っている時に、サウナに行くことなどできるか」とこたえた。そんなことを語ったときの細井はもはや青年ではなく、中高年期にさしかかっていたはずである。彼はこういうことを心底信じて語るような男だったのである。そして、そういう彼の精神のあり方の一面は、生涯変らなかったというのが徳さんの考えだ。

私は思う。細井は、こういう純粋な気持ちで、共産主義を信じ、日本共産党を信じたのではなかろうか。

●「雪の上のウンコ」

細井は普段は穏やかだが、執行委員会での論争では、論敵にびしっと筋を通していく。普段が温厚なだけに、その筋は強烈に効くように思えた。単なる言葉ではない、生きる態度も含めた威厳があったのだろう。あの人がもし仮に民同の幹部であったとしても、私はあのような指導者を支持しただろうと思う。指導者とは、こういうものだと思った。

統一戦線は相手に温かみを持って接することだし、それがすべての態度の原点だということを身をもって示したのが細井だと思う。

細井の好んだ言葉に、「雪の上のウンコ」がある。いい指導者にめぐり合ったと思う。自分自身を雪の上の「ウンコ」にたとえた細井宗一。

「雪の上のウンコはやがて雪の下に沈んで見えなくなっていく……。それでいいのだ」

自分を〈無名な〉一人の革命家として、やがて忘れられていく一人の人間としてとらえていた細井宗一。

●「親よりも大事な人」

私は「北海道には牧野、全国には細井宗一」と言われるような関係になっていった。私は彼のことを「だんな」と呼んでいた。周りもそう呼んでいた。私は長男に細井と同じ「宗一《むねかず》」という名をつけた。革命運動の先頭に立たせようと思っていたのだ。

その後、再婚した妻に細井を紹介する機会があった。

「これから紹介する人は俺の恩人だ。親より大切な人だ。親の面倒は見なくても、この人の面倒は見なくてはならない」

そのときはもう、私は国労を去っていたにもかかわらず、である。私の惚れ込みようは尋常ではなかった。

その後、次に生まれた子どもには「宗次《むねつぐ》」という名前をつけた。

それほどまでに私は細井を尊敬し、惚れ込んでいたわけである。

（四）地域活動家から全国的視野をもった運動家へ

●全国的視野

国労青年部長の日々は、私の視野を大きく広げてくれた。一年に二、三回北海道に帰るたびに、自分のものの見方が変わってきていることを感じていた。

当局の官僚には次のようなコースがある。東大卒で半年の本社見習い、地方に一年間実地訓練、その上で本社に戻す。これが学士のローテーションだ。彼らはこうして視野を広げていく。

我々現場労働者にはできないことだ。ただ、こうしたローテーションという仕組みは、労働者にとっても自分たちの視野を広げるうえで大事なことだと思う。労組が東京に全国の活動家を集めて会議をやったり、交流集会をやったりするということは、その意味では大事なことだと思う。ここで労働者は視野を広げていく。後に国鉄官僚たちとつきあい、交流していく原点の一つは、こうした全国的視野にあったのではないか、と思う。

全国組織の中心に来ると、いろんなものが見えてくる。どこの地本が空白か……乗務関係に仲間がいないから仲間を増やそう……この地域はトロ（ツキスト）にやられそうだ、トロを潰しに行こう……そういうことがよく見えてくる。ましてや、組合選挙、全国的・地域的政治選挙の結果からそれぞれの地方の力関係が見えてくる。ここなら手の届く地域だ……というような地域が見えてくる。全国のいろんな地域に拠点をつくっていこうとした。民同の側も同様だ。青年部の執行部を革同が握ったとき、民同は危機感をもって妨害してきた。活動家たちを青年部の会議に出させない、伝えるべき情報を伝えない等というような妨害もしてきたのである。親組合挙げて革同の拠点を潰しに来る。そうはさせじと、こちら側もテコ入れする。そういう全国的なせめぎ合いの日々が続いた。

●「再び東京へ来よう」

そうしたなかで、東京を変え、日本を変えることがとても重要なことだと考えるようになった。東京が文化や経済の集中地域であることも身をもって体験した。私たちがつくった北海道の病院や生活協同組合なども、地方には点在だが、東京には大きな拠点が集まっているではないか。「何をやるにしても、東京だ」と思うようになった。私はかつて唐牛健太郎に言った言葉を思い出した。

「東京に行くな、北海道を拠点にしよう」

そのころと自分自身が大きく変わっていくのを感じていた。私は、青年部長の任期を終えて札幌の現場に帰ったが、いつの日か、東京に戻ってこようと心中に期するものがあった。札幌地本を革同の主導権に奪還し、やがて再び東京の国労の本部に来よう——そうした志を抱いていったのである。

当時の「再び東京へ」という思いは約一〇年後に実現した。しかしそれは、私の思い描いていた国労運動家という立場とは全く違った形で実現することになったのである。

第四章　決別への道程
――運命の四・八声明

一　四・八声明の衝撃と試練

（一）再び札幌を拠点に

●札幌支部の副委員長に

三年間の国労本部青年部専従をやったあと、私は北海道に帰った。

札幌支部で活動を再開し、国労札幌支部の副委員長に就任した。青年部長としての活動から、いよいよ親組合の活動に踏み込んでいこうとしていたわけである。本部の活動を経験した者たちの進路には、いくつかの選択肢がある。そのまま本部に残ることを希望するものもいるし、求められる人もいる。私は、もう一度、自分が駆け抜けてきた「現場」で活動することを選んだ。

北海道の革同は三分の一にも満たない力だったが、少しずつ影響を広げていた。特に札幌地本は革同の有力な拠点になりつつあった。札幌地本には当時、一万五〇〇〇人の組合員がおり、専従者も十数人抱えていた。そのなかで革同系専従は少数だった。民同は専従になりたがっていた。私はこの活動の後、三ヵ月後に北海道の札幌地本の専従になることを予定されていた。それだけに、私は張り切って、充実した活動の日々を送っていた。私の将来は開けているように見えた。その運命を狂わせたのが、一九六四年の「四・八声明」問題だったのである。

●梶君との出会い

私が札幌に戻ってから、梶君という機械分会、機械区の青年労働者と知り合うことになる。高校卒業後、一八歳のときに国鉄に入社。私とは札幌支部の活動を通して知り会った人である。

彼は国鉄入社前、私の活動を見ていて私に惚れ込んだようだった。入社後に知ったことだが、ある日、彼は「尊敬できる人ができたので家を出る」と言って自宅を飛び出したのだった。自分の布団だけを背負って。

彼の母親は夫が戦死し、三人の子どもを必死に育ててきた女性だった。長男が梶君だった。懸命に育てたその長男に、突然「母さんより大事な人ができた」と言われて出て行かれたときの驚きはいかばかりのものだったろう。

ずっと後になって、彼女は私の妻に語ったという。「あのときは心底悔しかった」と。

梶君と私は、一時、いっしょに暮らしたこともあった。もっとも私は、職場に泊まりこんでばかりいて、家で顔を合わせることはほとんどなかったのだが。

まあ、それはともかく、こういう梶君のような青年たちを、労働運動が無数に生み出していった時代だった。

●当局による労働者支配の動き

あるとき、当局が貨車連結労働者の詰め所と、助役の部屋との間の壁を取っ払ってしまった。まさか、こんなことをやるとは思わなかった。その日以来、我々労働者は、当局から、誰が何をやっているか全部丸見えになってしまった。大きな机が一つ。電話は二台。我々は、それ以来始終監視されることになる。職制支配とはこういうものだと思い知った。

我々の貨車連結職場の詰め所は、貨車が来て仕事をするあいだ待機する所だった。待機時間は、五分だったり一〇分だったり、場合によっては一時間のこともあった。私は、その時間を組合関係の電話連絡で使うことが多かった。詰め所の電話で全国各地の組合関係者に電話をかけて、連絡を取り合っていたのだった。職場の電話で、組合が使って悪いと書いてあるわけではない。ところが、その合間の時間を、誰が何をやっているか、当局は我々を監視し始めたわけである。

助役が集団で我々を監視するのでみんなビビッてしまった。私も電話をかけづらくなってしまった。でもめげずに電話をかけるが、話は丸聞こえとなって困った。電車が始終通るから、おのずと声も大きくなる。すると職制は、長電話を止めろと言ってくる。私は「今は仕事の合間の時間だ」と答える。そんなやりとりが行われた。それまでは、組合の打ち合わせが長引くと、私の仕事を一時的に代わってもらうこともできたが、職制の監視のもとではそうした融通もきかなくなった。

この時期、上からの労働者管理をいっそう強める動きが職場で出てきたのだった。

●職場闘争——氏名札闘争など

勤務中、名札を付けることは、働くものにとってはストレスのもとだ。客に名指しで批判されたりするからだ。そこで我々は職場で話し合って、札幌駅では団結して氏名札をやめようという闘いを組織した。これは、みんな団結した。あとで、革同職場の跳ね上がりなどと言われたけれども。

職場で具体的に要求をだして団交を積み重ねた。このダイヤを変えろ、椅子を変えろ、作業の軍手をよこせ、飯を食う時間を設定しろ……など、現場の労働・生活に根ざした要求をつきつけて、団交で一つ一つ闘いとっていくのだ。こうした闘いが一番目立ったのは、駅などの外勤労働者たちの職場だった。

一つ一つの要求はそれだけとって見れば、たいしたものではないかもしれないが、こういう獲得の集積は大きな力になるし、何よりこの闘いの経験が宝なのだった。もちろん、職場の労働者の中にも、「そんなつまらないことやって」などと言う者もいた。半分くらいはそうした意識だったかもしれない。そういう連中の中には、団交などやる時間はないと言うものもいた。

それでも、私たちはめげずに、職場交渉を組織した。時間がないなら、時間をつくろう。二人職場のところを、その時は一人にしてでも、団交を確保しようと努力したのである。

私たちの職場でも、こうした職場闘争の取り組みがなされていたわけで、ちょうどその時期に四・八声明問題が起こったわけである。

（二）運命の四・八声明

●苦渋のなかのスト批判

一九六四年の春闘は、四月一七日に公労協を中心に半日ストをかまえ、そのたたかいを着々と盛り上げていった。ところが、そういうさなかの四月八日、共産党は突如として「四・一七ストの再検討」を求めた声明を「アカハタ」紙上で発表した。そこではこんなことが書かれていた。

「もし社会党、総評、各労働組合が、安保国民会議をただちに再開させる現実的態度をとらず、独立、平和の日本人民の闘争に背をむけたままで、春闘をおしすすめようとするならば、労働者の闘争を挑発者、分裂主義者、修正主義者の策謀にさらす危険があります」

革同のなかには、少なくない共産党員が結集しており、スト拠点の職場はいずれも多くの革同の仲間が活躍していたこともあって現場は混乱した。

当時の私は党に忠実な党員だった。従ってこの四・八声明を基本的には支持し、民同系の運動方針に対して「何でもストをやって闘えというのは、いかがなものか」と意見を述べた。同時に、組合員たちのなかでは、「どちらにしたらいいか分からない」という反応も多かった。自分たちの意見に大衆の納得が得られない状況のなかで、私の中に迷いも生じていた。「東京のことはわからないが、どういう状況か？」などと党関係者に問い合わせた。

四〇～五〇人の非番者集会、泊まりの労働者が次の日に明けになるのだが、その集会で「共産党がこうした声明を出したことについては、考えてみることが必要ではないか。みなさん、いま少し待ってほしい」といった趣旨の発言を行った。ここには私の迷い、逡巡が表現されていた。党に忠実な私と、大衆運動家としての私。この二つの狭間で心は大揺れに揺れていた。そのことが集会での私の発言に現れていた。

これが運命を変えてしまった。私たちは民同はじめ大衆的批判の矢面に立たされ、窮地に追いつめられていった。

●国労旭川大会

半年後の一九六四年七月五〜九日、国労第二五回大会（旭川）が開催された。一〇〇〇人くらいの代議員その他が出席した。この大会では、我々革同の共産党員たちの行動への処分、統制処分が問題となっていた。それまでの大会では、くり返し労働組合における政党支持の自由問題が大きな議題になっていた。革同は社会党一党支持押し付けに反対しており、そのテーマをめぐって大会ごとに民同と激しい論戦を繰り広げていたという前史があった。ところが今回は立場が逆になった。

我々革同の活動家層は大会会場の前でビラを撒いた。そこでは、我々の行動は利敵行為ではなかったことが主張されており、同時に今回の四・八声明への我々の追随が共産党への一党支持の固定化につながるのではないか、ということへの自己批判も含まれていたのである。それまでの大会での討論の経過もふまえて、民同系だけでなく我々共産党員労働組合活動家も含めて、一党支持固定化の誤りを批判したものだった。

これに対して民同は、こうしたビラを撒くこと自体が分派的誤りであると主張していた。しかし、こういう我々のメッセージに対して、民同のなかでも違った反応を示してくれる人がいることを後で知ることになる。

●思いがけない友情

議長は札幌地本の活動家だった。私は事前に発言を用意していた。その内容は、処分の不当性を主張するだけでなく、今回の一連の経過における共産党の誤りを率直に指摘するものであった。誤りは誤りとして、明確に主張しようとしたのである。これは、他の革同活動家たちの主張とは違っていた。彼らは共産党を批判しないまま、民同の処分の不当性だけを批判しようとしていた。それでは説得力を欠く、というのが私の考えだった。

大会当日、私は発言を求めた。しかし、議長団は私の発言を認めようとしない。ここに思いがけないことが起こった。札幌の民同系活動家が、議長席に詰め寄って主張してくれたのだ。

「あれは牧さん一人でやったわけではない」

「牧さんに発言させてやってくれ」

彼らは私にも直接言いに来た。

「牧さん、組合員として最後の機会かもしれない、ぜひ発言した方がいい」

我々の自己批判も含むメッセージへの彼らの共感もあったようである。

思わぬ札幌地本民同系活動家たちの対応に、私の胸はジーンと熱くなった。彼らのなかで、私を攻める人は誰もいなかった。しかし、こうした行動もむなしく、旭川大会において私の発言は認められることはなかった。

●国労除名

「四・八声明」による行動は組合の統制違反として、除名三一名をはじめ権利停止など合計一四八名が統制処分を受けた。この事件で、最も精鋭な活動家グループが除名されてしまった。いったい俺たちは何のためにやってきたのだ。

私も、職場集会でのスト破りの発言がけしからんということで、国労から除名処分を受けた。北海道では二人だけが除名処分だった。北海道に多くの革同活動家層がいるが、私を含む二人だけに除名処分は絞り込まれた。駅関係の労働者では私一人だった。もう一人は小泉君という修理関係の職場である工場の労働者だった。ここは革同の拠点のひとつだった。

こうした〈選別的処分〉のやり方が私を苦しめた。そこに、これまでの共産党員労働組合活動家としての私への報復がこめられていたことは明らかだった。処分を免れた革同活動家たちはホッとした様子だった。党員活動家のなかに、処分される者とされない者との分断、くさびが打ち込まれたとも言える。「なぜ北海道で二人だけなのか」という思いをどうしても禁じえなかったのである。

それだけではない。処分者同士もまた、分断されていたのである。北海道で二人だけ除名処分になったのだが、その小泉君と私は犠牲者同士として励ましあい、支えあうということはなかった。私が、北海道以外の除名処分を被った革同活動家たちと連絡をとりあい、支えあうということは遂になかったのである。

なぜだろうか。一つには、共産党組織の独特の体質があるかもしれない。工場の共産党細胞幹部の小泉君と札幌駅関連の細胞責任者の私とでは、同じ革同、同じ共産党といえども、組織系列は別々だった。正式な機関を飛び越して、裸の人間対人間、共に支えあうという運動文化がなかったのである。共産党の組織が、人間の当たり前の共感、支えあいの関係をも妨げた側面を見ておくべきではなかろうか。従って、被処分者たちは、みな長期にわたる「孤独な闘い」を強いられることになる。

国労除名後、私はこうして孤立感を深めていき、同志といっても人情がないじゃないかと絶望感もあったのだが、全国的にみんなそうだったわけではないことを後に知る。その後の徳さんの話によれば、六人もの除名者を出した広島には、徳さんはカンパを集めて持って行ったというし、共産党が被除名者に対して資金援助をしたところもあったという。相互扶助の精神はここでは生きていたわけだ。やはり、そこに度量のあるすぐれた指導者や活動家がいるかどうかということが決定的だった、と思う。

●遅ればせの自己批判

衝撃的だったのは、共産党が後に自己批判を行ったことである。そして、この誤りは宮本書記長が中国を訪問していたので、偶然に起きた出来事だと述べていた。

もともと四・八声明が出されて以降、困惑した私たちは、共産党の札幌地区委員会に説明を求めた。彼らに説明してもらうのが一番だと考えた。ところが、いつも定期的に国労の共産党支部の会議に出席していた札幌地区委員が、それ以来、来なくなってしまった。私たちは民同はじめ大衆的批判の矢面に立たされ、窮地に追いつめられていたが、その最もつらい日々に党機関の人間はうんともすんとも言ってこなかったのである。

励ましの言葉さえない。追いつめられた仲間を見殺しにするのか。これは仲間として裏切りではないか。私はがっくりきた。その挙句に、処分が終わったあとに、遅ればせの自己批判が行われる、そのことについての説明もほとんどない――こんな共産党の連中とはつきあえないと思った。私は自分の人生を変えるために共産党に入った。ところが逆に「俺の人生を壊された」と思わずにいられなかった。

●不　信

革同のリーダーである細井は、「処分はやむなし、甘んじるしかない」という態度だった。問題は本部の細井や子上は処分を免れたということである。民同側には細井、子上を処分したら、ただではすまなくなるという政治判断もあったかもしれない。また、専従者たちの多くは処分は免れた。全生活を賭けた専従者にまでには、処分を及ぼすことはできなかったのである。しかし、私のようなヤミセンの活動家には、容赦なく処分が下されたわけである。ここには政治の論理、組織の論理からなる処分の選別があった。

しかし本部の革同リーダー細井、子上らの出処進退のあり方については、革同活動家層のあいだでも疑問が出ていた。私もまた、細井らは辞職すべきだと考えた。細井は共産党の労対メンバーでもあり、彼の承認、指導の下に四・八声明は下されたはずだからである。おそらく細井も四・八声明にはかんでいたのではないか。グループ会議も行われず、事前の会議も行われずに決めてしまった。

彼らには、全国の組合活動家の一部から「細井、子上もともにやめるべきだ」という電話、電報が届いたようだ。しかし二人はそれに対して誠実に応答していないように私には見えた。その点は共産党の下部党員に対する姿勢と変るところはなかった。後に細井が我々に謝ったということはあったのだが。

全国の仲間が処分にさらされている中で、細井のみそれを免れるのは、細井らしからぬ行動と私には思えた。尊敬してやまない細井に対する、私の疑念が芽生えてきたのはこの時からであろうか。しかし、そうした思いが膨らんでいくのはさらに後のことである。

本間久雄の証言

広島革同の本間久雄は『回想に耽らず』（西田書店、二〇〇〇年）の中で、共産党現地指導部にいた当事者として、その舞台裏の事情について書いている。当然のことながら、牧野にはこうした事情は知るよしもなかった、と思われる。

「私は旭川大会の現地指導グループとして、竹内七郎（書記局員、労対部長）、細井（中闘、グループキャップ）、本部労対部員らと五日間起居を共にした。われわれの仕事は大会へのメッセージと、子上・細井への不信任に対する弁明の検討であった。前者は竹内が、後者は全体で討議したが、党の自己批判が未発表のため、色々と難渋した。素案の鉛筆をとり一応の草案を携えて民同派の神戸（副委員長）らとの間を往復し屈辱を嘗めたのは細井であった。〈ここまで譲歩しても、まだまだ不足を言う。いったいどこまで下がればいいのか……〉。途中、何回か漏らした細井の繰り言である。この難航の原因は伝えられる共産党の自己批判が未発表の今の段階で、弁明を誰が保証するかということで行き詰まった。結局竹内が書記長宮本の意向を打診し、漸く了解のサインが出た。〈書記長もあれでいいと言ったよ〉。細井は私にそのように告げて民同派の宿舎へ向かった。時刻は零時を回っていた。この段階で子上・細井の不信任の取り下げは事実上決着をみた」

●共産党員国労活動家たちと「四・八声明」

この「四・八声明」問題は、国労の共産党員活動家たちのその後の生き方に、どのような影響を与えたのだろうか。何より、この問題を契機にして、国労内共産党活動家たちの中に、「労働組合の政党からの独立」が鮮明に意識化・自覚化されるようになったことが注目される。それまでも、私たち革同活動家たちは、統一戦線について語ってきた。共産党も統一戦線を至上命題としていた。しかし、その背後に横たわっている共産党中心の見方の限界を、我々の失敗をとおして、心底思い知らされたのがこの事件の意味だったろうと思う。共産党は、「四・八声明」への自己批判をだしたこととの大きな意義を強調する。もちろんそれも大事なことだろう。しかしより本質的には、この事件をとおして、国労内部の共産党員活動家たち自身が、共産党中心ではない、相手の立場を認めていく統一戦線の考え方を血肉化されていく契機になったことに真の教訓があったように思える。その意味で、この事件は、革同運動の歴史上、一つの悲劇であったと同時に、その後の共同の運動の大きな契機にもなったということができるだろう。私は七〇年代以降、その戦列に加わることはなかったのだけれども……。

私にとっての「四・八声明」問題は、自分自身の活動家人生の大きな挫折を意味していた。こういう私自身の人生の真実と、革同運動の中の紆余曲折を経ながらの前進の過程としてのドラマと、この二つが私の心に共存していると思われる。

「筑豊支部では」（徳沢一のはなし）

旭川大会を構成する大会代議員の選出では、革同は全国各地で民同派に敗北した。革同は大混乱だった。そうした中で徳沢の北九州地区では革同が前進した。いつもより多くの代議員を確保したのだ。どうしてそんなことができたのか。その辺の事情について徳沢は語る。

《ワシの筑豊支部は三〇〇〇人以上の支部で、分会以上の機関役員は七〇人から八〇人ぐらいおった。「四・八声明」が出たとき私は役員たちに率直に相談した。

「オレは共産党だが、上の方はこんなことを言って来た。ワシは苦労しとるんだが、みんなで議論してくれないか」

一方、国労地方本部からもお目付が来ていた。そこでワシは彼に頼んだ。

「アメリカのＣＩＡが謀略を企んでいると党は言っている。すまんが北九州地区でどんな謀略が準備されているか調べてくれんやろか」

その代わり調べて貰っている間は「スト準備は進める」ということにした。また、隣の八幡地区では国労本部から来たお目付さんをご馳走して仲良くなり、友好的にお帰り願ったという。そんなわけで、私のところの革同はまったくスト妨害はやっていない。だから逆に革同は前進したわけだ。

おもしろい話もある。「四・八声明」を読んだある労働者は、声明に感心して「これだけの見識を持っている党というのはすごい」と言って入党してきた。ところがその後の「自己批判」だ。その新入党者に、ワシは何と言ったか、よく覚えていないが、相当困ったはずだ。「まあ、いろいろあるがこれから一緒にやって行こうや」ということになったけど》

●配置転換命令――職場のなかの日常闘争

ヤミセンの生活は終わった。組合による統制処分により、勤務時間中にも組合活動を行う組合中心の生活から、仕事中心の生活に移った。しかし当局は私を現場の責任ある職務に就かせることはなかった。仕事面でも日々孤独な状況に追いつめられた。私は毎日出勤するが、仲間から隔離された場所で座らされた。後の国労つぶしの手法として有名になった清算事業団的やり方の原型がここにあったかもしれない。仲間からも仕事からも切り離されて宙ぶらりんな毎日を強いられた。

そんなある日、がまんできなくなった私は、大声で労働歌を歌って回った。職制が飛んできて、「頭がおかしくなったんではないか？」と言ってきた。私は「そのとおりだ。こんなことをやらされていては、気が狂ってしまうぜ！」と言い返した。ささやかなレジスタンスだった。

組合から除名された私を追い討ちしたのは、当局による配置転換要求だった。当時、国労の現場協議慣行もあり、労働者へのあからさまな配置転換要求はなかった。ところが私に対しては、国労除名を契機にして、執拗な配置転換要求が繰り返されたのである。札沼《さっしょう》線という札幌から旭川にぬけていく鉄道職場——数人しかいない閑散とした職場だ——に異動せよというわけである。ここは吹雪になると何日も出て来られないような地域で、電車も一時間に一本あるかないかくらいだった。札幌から遠く離れた「僻地」への配転要求だった。国労から除名された私を守るものは誰もいないことを見透かした当局の嫌がらせだった。私は当局の要求を拒否し続けた。孤立した闘いだった。心のなかでは、開き直りもあった。

私は、組合除名処分後、職場共同体と切れないようにいっそう努力した。一生懸命仕事を探し、仕事を勝ち取るようにした。例えばある部署で、風邪を引いた労働者が出る時には、私が率先してその職場に向かい穴を埋めた。仕事さえしていれば、簡単に不当配転はできないものである。現場の助役はいい人だった。私を意地悪く迫害することはなかった。しかし彼らより一段上で指揮する管理者層はそうはいかない。彼らは現場助役に、私を配置転換するよう圧力をかけた。しかし、助役たちは現場の論理に拠って、そういう圧力に従わなかった。

(三) その後の札幌支部

●「職場に労働運動を」

私が苦難のたたかいを強いられているその時期に、国労運動に新たな方針が確立した。一九六五年八月の国労岡山大会は「職場に労働運動を定着させる」という国労運動史上画期的な方針を決定した。ここでは、職場闘争こそ「労働運動の発展の源泉」であるという観点に立って、「職場要求について必ず現場長との集団交渉を行い、解決するまで粘り強く反復実施」していく方針を打ち出した。その後国労は、現場長との集団交渉を積み重ねるなかで、「職場交渉権」の定着をはかることを重点目標にすえたのだった。

この方針は、かつての職制つるしあげ、職制マヒ闘争戦術など激しい戦術への反省もこめられていたように思う。職場に交渉権を確立することによって、職場闘争を新しい段階に推し進めようとしたのである。これは、それまでの度重なる組織分裂、組織動揺への、職場からの本格的な対抗策だったとも言えよう。この取り組みの積み重ねは、後に七〇年頃、「職場交渉権」として結実するに至る。その国労運動の頂点とも言うべき時期に、私は国鉄を離れているのだが。

この方針を国労運動のなかで具体化する上で、細井宗一と子上昌幸の献身的な努力は大きな役割を果たしたのである。

●私を包んでくれた人々

私の処分後、札幌支部はどうなったか。革同の仲間たちは、除名処分された孤独な私を励まし包んでくれた。私は組合除名されても、相変わらず札幌支部の革同のリーダーであり続けた。

それだけではない。私を除名に追いやった民同の活動家の一部も私を包んでくれた。民同系の札幌地本の委員長が、私を組合執行委員会に呼んでくれたのである。私は、組合除名後も執行委員会に参加し続けることができた。最初の頃、私は除名した民同への怒りが覚めやらなかった。会ったら「ぶん殴ってやりたい」という怒りは消えることはなかったのだが、そうした民同の活動家たちの配慮によって癒された面はあるだろう。

考えてみれば、組合を除名された人間が執行委員会に出続けることは、きわめて妙な話だ。組織の正式決定とは違うことが、現場の労働者世界では起こりうるものなのだ。こうしたなかで、私の組合員としての復権は全国的に最も早かった。旭川大会の二年後の大会において、すでに復権の話が出ていたのだから。

しかし、同じく除名処分された小泉君のいる工場では、そんなわけにはいかなかった。我々札幌駅関連の支部の運動があくまで当局との対決を基軸としており、民同―革同の対立もそのなかのひとコマにとどまっていたのに対し、工場では、民同―革同の対立は熾烈をきわめ、かつ日常化していた。小泉君は執行委員会に誘われることも、出ることもできず、孤独に追いやられていたのである。

私は、仲間たちに包まれながら、四・一七問題以後のつらい日々を乗り切っていくことができた。

四・一七問題で我々中心的な党員が処分されたとはいえ、札幌地本の共産党の勢力は後退することはなかった。強力な大衆組織・革同があったからであろう。こうした状況は、全国的にみて、少なからぬ地域で言えたことである。一〇年間以上、各職場の中で培ってきた革同の底力は、覆ることはなかったのである。これは同じ四・一七問題でも、全電通や全逓、全農林などとの決定的な違いだった。札幌地本の民同幹部が執行委員会への私の出席を認めた背景には、こうした力関係の問題もあったであろう。

●「共産党議員にならないか」

ある時期、共産党組織から、道会議員、市議として選挙に出ろとよく言われた。いつごろのことだったろうか。現に革同出身で北海道議になった人もいる。共産党は七〇年代に議会主義に強く傾斜していく。その兆候は六〇年代から始まっていたわけで、そのなかで一部の革同活動家たちの進路にも分岐があったわけだ。

しかし私は断った。議員という仕事は、「できない」ことを「できる」と言わなくてはならないからである。そうなると、二回目は格好悪くて大衆の前に行けなくなってしまう。もし議員になっていたなら、すぐ辞めていただろう。加えて、「民同だけでなく革同も選挙にでるのか」と言われるのが嫌だった。そんなことをしたら申しわけないと思った。私はやはり生粋の労働組合活動家だったわけだ。共産党の議会主義の趨勢に乗っていくことのできない人間だった。

●七〇年闘争を前に

私たちは民同の不当な組合統制処置に対して、裁判闘争という手段でたたかおうとも考えていた。自分たちの方針に従わないからといって除名処分にすることへの憤りは消えることはなかった。民同は「スト破り」の実行行為をした者のみを処分したのであって言論は罰してはいないと言ったが、その区別などできるわけがない。

そんな時、七〇年安保闘争が迫ってきた。六〇年代末、札幌地本の民同の幹部活動家が私に話しかけてきた。

「七〇年安保闘争を前に、大きな運動をつくりたい。札幌分会では革同が力をもっている。牧さんに力をかしてほしい。札幌駅で、安保を大義にストをやりたい」

力を貸してくれたら除名を解くというのだ。私はそんな話を信用していなかったし、民同の利用主義的な態度も不快だった。しかし結局、「安保という大義があるから俺はやる」と言って運動へは協力することにした。私は、民同への強い憎悪を抱いていたにもかかわらず、大衆運動の高揚の中で、一致点にもとづく共同そのものは積極的に推進するべきだと思ったのである。それが大衆的労働組合運動と言うものだろう。私は札幌分会の一〇〇人くらいを前にして演説した。

二　出会い、新たな支え

●出会い

そんな孤独な時期に、知人の紹介で私はある女性とつきあうようになった。その女性は生活力のある意志の強い人だった。彼女の名は美子という。彼女との出会いについて、語っておこう。

彼女はステーションデパートで働いていた。当時、デパートで働く女性の間では、「国鉄、警察、自衛隊、制服で働く人のところにだけはお嫁に行くのはやめようね」と語られていたようだ。

「国鉄労働者の賃金は安い。生活していけない。それに汚い」

「自衛隊員はいつ命を落とすか分からない」

「警察は人を疑う仕事だから嫌だ」

こうした制服の労働者たちはデパートでの買い物もこまかく、いつも割り引き証を持ってくると彼女たちのあいだでは噂になっていたと言う。そういうところで働いていた彼女と私とは、普通なら住む世界も違い、縁がなく終わっていたことだろう。しかしそんな二人が知り合う事情にも、時代の影響があった。

美子を紹介してくれたのは、日動火災の労組書記長をしていたWさんだった。私は当時、地区労の学習会で一五くらいの組合を回っていた。そのときに友達になったのがWさんだった。美子は一八歳のときからWさんと友達だった。

あるとき彼女は、友達が（今でいう）サラ金から多額の借金をし、彼女は保証人になった。ところが友達はあるとき逃げてしまった。彼女の前に残された借金は、今で言えば、五〇〇〜六〇〇万円くらいだったろうか。デパート勤務だけでは返せず、以来、彼女は夜、クラブで働くことになった。懸命に働いて、二年くらいで返済したと言う。

この体験が、それまでおとなしかった彼女を鍛えたようだった。美子にとってのつらい時期に、Wさんはそのクラブのお客として出入りしており、そこで彼女と知り合うことになる。当時、札幌のすすき野で働くホステスの労働条件は過酷だった。出入りする客の少なからぬ者はツケで酒を飲んだ。そのツケは、ホステスに押し付けられた。アルバイトの、何の保証もないホステスは、そうしたツケでがんじがらめになっている人も少なくなかった。

「ツケといて」と客に言われると、ホステスは断ることができなかった。当時は、牧歌的で、「人を信じることができた時代」だったからかも知れない。Wさんは美子に、すすき野のホステスさんたち、働くものの労働組合が必要だということを熱く語ってくれたのだった。彼女は、世の中への疑問から、Wさんの話に共感していたようだ。彼は妹のように可愛がってくれていた。

そのWさんの紹介で美子と会った。彼女によると、私はズボンに汚い手ぬぐいをぶらさげていたという。

彼女と私はいつしか交際するようになっていった。

●生い立ち

美子――私の妻の生い立ちを少し語っておこう。彼女は札幌生まれの札幌育ち、すすき野の大通公園で生まれた。街っ子である。彼女の父親は洋服職人で工場を経営していた。他人に対して、特に恵まれない社会的弱者に対して、とても面倒見のいい父親だったという。その分、戦後の食糧難の時期に、家族の生活は大変だったようだが。

彼女の父親はどこでも雇ってくれない人をたくさん連れてきて自分の工場で働かせてやった。職安から「こういう脳性まひ、小児麻痺で体の不自由な人がいるのだけれど、どこにも技術を教える人がいない……」と言われると、すぐ引き取ってくるのだった。それでズボンや背広を縫える一人前の職人に育てた。妻はこういう父親の影響を受け、育った。後に語るように、妻の私の兄への優しい配慮は、こういう彼女の経験に裏打ちされていたのかもしれない。

●妻の母

あるとき美子の母親が警察幹部の奥さんから言われたそうである。

「共産党の国鉄組織を調べていたら、奥さんの名前が出てきたわ」

そしてつづけてこう言った。

「共産党の世の中になったら、札幌市長になれるかもしれないけれど、だぶんそうならないだろうから、別れたほうがいい」

美子の母親は、そういう忠告に直感的に反発する人だった。

警察に追われた知人を匿ったこともあった。盗みとかではない、おそらく政治的なことで追われていたのだろう。彼女の母は「間違ったことをする人ではない」と石炭小屋に匿った。当時、妻は子どもながらに様子がおかしいと思っていたようだ。

風邪をひいた妻の弟が、学校で不当にも廊下に立たされたときなど、怒鳴り込みに行ったりした。父兄会に参加するようなことはなかったが、自分の子どもが正しいと思ったら、一人でも乗り込む女性だった。文句も人一倍言うが面倒も見る、そんな女性だった。

●人を信じられた時代

ある時、美子を寿司屋に連れて行った。彼女と結婚し、私も新しい出発をしていたころのことである。奮発して美味いものを食べさせてやろうという思いだった。

私は「好きなものを食べなよ」と言い、彼女もいろいろ好きなものを注文した。ところがいつまでもタコとイカしかでてこない。不思議に思った彼女は、私がトイレに立ったあと、その店の女将に聞いたそうである。女将は「実はツケがたまっているので……」と言ったそうだ。

当時の私は、仲間たちが飲み屋で飲むツケをどんどんかぶっていた。それだけではない。困っている友人たちが金融機関から金を借りるときに、どんどん連帯保証人の印鑑を押した。彼らが返せなくなるとき、私に借金取りが押し寄せてくる。放っておくと裁判で訴えられる。ある時期は、毎日のようにその類の裁判所からの通知がきた。何とか時間を見つけて、そんな裁判にも行ったのだから、私もずいぶんとタフだったわけだ。彼女との結婚生活が始まっていた時期だったが、彼女はそうした裁判の通知を見ながら、ずいぶんと閉口したようだ。

本当に多くの友人たちの連帯保証人になっていた。私は、それくらい人を無邪気に信じていた。今の時代では考えられないかもしれない。六〇年代という時代は、まだ人を信じられる時代だったのだと思う。その基礎には、戦後初期の貧困から急速に脱却していく、力強い高度経済成長の過程があったからかもしれない。

三　決別

●無免許運転事件

六八年頃のことだ。労組を除名されていた私は、活動の拠りどころとしては共産党しかなかった。ある日、職場の仲間の入党式をある人の家で行った。

私たちは、ある職場の労働者の入党工作に懸命だった。その対象者はKさんと言って、虫も殺さないようなおとなしい、しかし仕事熱心で、職場で人望のある人だった。「こんな人にこそ、共産党に入ってもらいたい」という私たちの熱い思いに、Kさんは遂に応えてくれたのである。孤独な日々の中の、私にとってこの上ない幸福ないっときだった。

入党式は自然に酒の席に移った。最初は新入党者のKさんを敬意もこめて「Kさん」と丁寧に呼んでいた。やがて親しみが増し、急ごしらえのあだ名だったが、Kさんの頭文字をとり「川さん」と呼ぶようになった。「川さん」「川さん」とみんなで言っているうちに、いつしか「かあさん」(母さん)に変わっていき、みんなで大笑いした。心通い合う、楽しい時間だった。

この喜びが私の警戒心を緩めた。入党式の帰りに、私はうっかりと無免許運転をしてしまったのである。実はその前から警察に張られていたからたまらない。私は警察につかまることになった。「お待ちしていました」と言わんばかりの対応だった。幸福の時間は暗転した。仲間との共感の場は孤独な留置場に転じてしまった。

翌日の北海道新聞に「牧野文夫氏、無免許運転」と大々的に書かれることになった。一週間くらいパクられていただろうか。活動家仲間は誰も迎えに来なかった。私のミスだったとはいえ、非情を感じざるをえなかった。私はそれまで何人の活動家たちの不当逮捕に抗議して闘ったか知れないのに。

私は、自分自身のミスに苦しんでいた。私は「鉄道屋」としての誇りをもって働いてきたし、労働運動もやってきた。そんな私が、「無免許運転」という重大なミスを犯してしまったことに、自責の念が繰り返し、繰り返し襲ってきて、私を苦しめてやまなかったのである。そんな苦悩の時期に、やはり党から何の励ましも声もかからなかった。四・八声明以来の私の不信感、失望の念が深まっていった。

●国鉄を去る

一週間の警察拘留から帰った私は、美子の家に直行した。約一ヶ月間のあいだ彼女の家に引きこもったのだ。非情にも私を見捨てたかに見えた仲間たちは、その後、懸命に私を探し回っていた。「牧は一途な男だ。今度のことで自殺してしまうかもしれない」と心配してくれていたようだ。

友人たちは彼女に「牧がどこにいるか知らないか?」と何度も問い詰めた。彼女はそのたびに、「知らない」と言い続けた。彼女の家の周囲を張り込んだりもしたようだ。警察署に来てくれなかった彼らは、このようにして、私への精一杯の友情を示してくれたのかもしれない。私が一番精神的助けを求めていたときに彼らは来なかった。彼らの優しさ、彼らの友情は、私の激しく動く心のスピードとはずれていたのだった。

彼女の家の中で、私は彼女の前でも無口だった。夜になると、人目を盗んで銭湯に出かけた。いろんな想いが去来した。自分は鉄道屋失格ではないか。自分は大衆を裏切ってしまったのではないか……と苦しんだ。そしてついに、ある決意に導かれていった。労組も除名され、交通違反も犯し、これ以上国鉄にいることはできないと私は考えるようになった。

共産党に対しても、四・一七スト問題以来の不信感は頂点に達していた。北海道の共産党系の大衆運動を献身的に支えてきた私にとって、こうした事件に対しても、共産党が何の連絡もしてこないことに心底失望してしまった。人間を利用したいときだけ利用する、共産党機関、組織の体質に嫌気がさした。共産党からも離れる決意を固めた。国鉄を去ることも、共産党を離れることも、私にとっては同一の選択だった。そして、運動にそれまでの生涯を捧げてきた私にとって、一世一代の決意だった。だから、一ヶ月もの蟄居閉門の日々が必要だったわけである。

ある日、その思いを彼女に告げた。友人たちは説得にかかったが、私の気持ちは変らなかった。辞める決意を細井に伝えたとき、彼も「辞めるな」と言った。尊敬している細井に言われても、私の固い決意は動かなかった。意外だったのは、当局側の人間にも「辞めるな」と言われたことだった。当局側としても職場を束ねることのできるリーダーに辞めてほしくなかったのかもしれない。

一九六九年、私は国鉄を辞めた。退職金は五万円だった。彼女は事前にもっと貰えるのではないかとおもっていたようだが、この額を知ったらあきれて、二人して飲んで使ってしまった。

そのときの決意が、その後の私の人生を大きく変えた。あの時、私が孤独に耐え切れずに、友人たちと会って語り合っていたなら、私は友人たちの説得によって活動の戦線に復帰していたことだろう。この選択には、少しばかり運命のいたずらも作用していたかもしれない。私の選択、決断は正しかったのか。今も、時おり自分自身に問い返す。ただ言えることは、もしあの時私が運動に残っていたら、今、私は国鉄分割民営化の犠牲となった一〇四七人のなかに入っていたことだろう。彼らといっしょに、苦楽をともにして闘っていたことだろう。この運命の分岐を、その後私は何度も感じさせられることになる。

あの六〇年安保闘争から、およそ一〇年。私は「再出発」に足を踏み出して行ったのである。

第五章　事業家として生きる

一　事業家としての出発

●結婚

ある時、私の結婚、見合い、縁談話がもちあがった。

そのことを聞きつけた美子は、Wさんの励ましの下、家具をもって私の家に乗り込んできた。窓から大きな家具を押し込んで家の中に入りこんできたわけだ。いわゆる「押しかけ女房」というやつだ。煮え切らない態度をとっていた私への「実力行使」だった。Wさんが彼女の背中を押してくれたようだ。私たちは結婚することになった。その日から、しばらくして以降、後を振り返る暇もないほど忙しく駆け抜けていく日々が始まった。

●兄のその後

兄は入院生活の日々を送っていた。精神病関係の病棟だった。労働運動に、そして国労をやめてからは事業活動に走り回っていた私は、兄の面倒をほとんど見ることはできなかった。革命の夢を追っていた私の欠落部分だった。幼少の頃、あれほど兄に憧れていた私であったのに……。また、兄の人望に助けられて国鉄に入ることができたというのに……。兄の面倒を見れなかったこと——それは、私の人生の〈影〉の部分だった。そんな私の欠落を補い、兄に優しく配慮し接してくれたのは、妻だった。

彼女は結婚したての頃、戸籍謄本をとるまで、私に兄がいることを知らなかった。彼女は母に「この人どこにいるの？」と聞くと、母は「私の口からは言えない。父さんに聞いてくれ」と言ったという。彼女は兄のことを知ると急いで、病院に見舞いに行ってくれた。「弟の文夫さんと結婚した美子です」と彼女は自己紹介した。

私が飛び回っていた関係で、兄の障害に関わる医療費の手続きをほとんどしていなかった。病院の方に戸籍をつくった。医療保障をもらうためには、「精神分裂症」という病名をつけてもらわないとならなかったので、そうした手続きも彼女が医者と相談してやってくれた。もっと早く手続きしていれば医療費がそんなにかからなくても済んだに違いない。それを父母がこつこつ払っていたのだろう。

●見舞い

以来、しょっちゅう彼女は兄の見舞いに行ってくれた。父母より私より何倍も妻が面会に行ってくれた。同室の人たちがみんな彼女の顔をおぼえて「誰？」と問うと、兄は彼女を「俺の女房だ」と紹介したという。兄は妻の見舞いをとても嬉しく思っていたようだ。妻は同じ病室の患者たちとも仲よくなった。精神科の病棟では、患者それぞれ自分のコップだけを持たされているようだった。そして自分で飲んで半分ゆすぎも洗いもしないようなコップに珈琲を入れて「よく来たね」と言ってもてなしてくれた。そのコップを、彼女は拒むことなく飲み干した。

兄はカステラが大の好物だった。彼が生命を輝かしていたあの戦前の貧しい時代、最高級の菓子がカステラだったからだろうか。クリームのついた菓子をもっていくと、「そんなの夢物語だ」と言った。やはりカステラが最高の菓子だったようだ。妻が最近の高級菓子を持っていっても、兄はやはりカステラが一番好きだと言った。次に来るまでにというので、本人の手に渡るか分からないが、段ボール一箱にお菓子などを入れてもっていったようだ。いつだったか、兄は正月に一時退院して、我が家で遊んだことがあった。雪投げしたりして遊んでいた兄の姿を思い出す。あのときの兄は楽しそうだった。

●「労務対策課長になってくれ」

私が国鉄を辞めてからしばらくすると、一般企業の労務担当の人たちからいくつか声がかかった。「労務対策の課長をやってくれ」「中小企業の労務もやってくれ」という誘いだった。五件くらい誘いが来ただろうか。彼らに「俺は共産党だった人間だよ」と言うと、そんなこと関係ないという。資本とはこんなものなのだ、彼らは儲かるためには恥ずかしいということはないのだと、つくづく感じた。私は「かつての仲間たちを裏切るようなことはできない」と言ってきっぱりと断ったのだった。

●なぜ事業を始めたか

私は国鉄を辞めて、事業を始めることにした。

その際次のような事を考えていた。国労で闘った人たちの定年後の雇用の受け皿をつくりたい。彼らは、五五歳で定年になって以降も再就職の口はない。当局から多くの処分を受けた彼らの年金もたかが知れている。私は、組合運動のなかで、度重なる処分で傷ついた人々の人生をまのあたりにすることが多かったのである。私の組合人生の思わぬ転変が、こうした思いに導いたこともあろう。彼らが働ける会社を興すことで、この問題を打開したい。全国の革同の仲間の再就職先として、一人でもそこで生きていけるような場所を確保したい――。

この想いは、その後も一貫して私の胸中にあった。しかし、そのことを理解してくれる人は少なかった。それが後に、かつての仲間の中の、私への誤解――「牧野は当局に抱き込まれた。あいつだけいい思いをしている」――といったウワサの遠因にもなっていたと思う。

細井宗一にも私の考えを話して協力を求めた。

「細井さん、あなたは有名だから、退職後のいろんな選択が可能だろう。しかし献身的に闘ってきた無名の活動家はそういうわけにはいかないのだ」

細井はむくれていた。こんな風に彼に説教をたれる人間はいなかったからかもしれない。しかし彼はその後、いろいろ力になってくれた。徳沢さん、人見君は私の意図に共感してくれて、その後数々の協力をしてくれることになる。数少ない、私の理解者だった。

この私の決意は、今日的には「仕事起こし」の考え方に通じているかもしれない。あるいは、労働者協同組合の運動と響きあうかもしれないとも感じる。当時はまだそういう考え方は左翼運動の中には少なかったのだが。

私は、国鉄を辞めたのだけれども、やはり労働組合人生との連続性の中で、新しい事業の活動を模索していくことになったのである。はたから見ると完全な方向転換に見えようが、私の心中では、太く一貫しているものがあったと思っている。

二　文房具屋、本屋

●「牧野書店」

まず最初に始めたのは、文房具屋、本屋だった。果物屋という案もあったが、「腐らないものがいい」ということでこうなった。商売を始めるにあたって、保線でアルバイトにきていた農家の人が応援してくれた。この家は二人息子がいて、両方とも国鉄に入っていたという経緯もあった。私たち国労が保線の労働者の待遇改善のための活動を行っていた時からの知人だった。

開店したとき私は、「いらっしゃいませ」「ありがとう」という言葉がスムースに出てこなかった。お客の前で、頭を下げることができなかった。組合時代にビラばかり書いていたせいか、チラシを作るのは得意だった。店に『小学一年生』入荷と書いて貼る、それがなかなか上手いと言って妻が感心していたものだった。

事務で働く女性が一人いた。水戸《みずと》さんという人で、北海道の紀伊国屋の労働組合活動家で、不当解雇反対闘争をたたかっていた。この闘いは二年間くらい続いた。会社からの嫌がらせにめげることなく、水戸さんは出勤し続けた。彼女は、そういう芯の強い人だった。私が地区労の活動の中で、彼女を支援して闘いに勝利した。紀伊国屋を続ける選択肢もあったが、彼女はその後、「牧野書店」で働くことを選んだ。主に経理の仕事をやり、私たちを支えてくれた。それだけではない、それ以来ずっと東京へ出てからも、私たちと行動をともにし、支えてくれた。

本屋は、配達もあるし、手も荒れるし、大変な仕事だった。朝の六時から深夜一時に眠るまで、三六五日休みなく働いた。こういう働き方自体は、組合運動家時代から変っていないかも知れない。本屋も五店舗つくって軌道に乗っていた。場所もリサーチして、比較的いいところに開店したと思う。当時、こうしたことが評判になって、「財界さっぽろ」誌に私の事業が記事になったこともある。

●倒産の苦しみ

そんなあるとき、「紙卸問屋と合併しないか」という話が持ち上がって、それに乗ってしまった。そこでは「手形」という信用経済が使われていた。私にとっては初体験のことだった。当座の現金がなくても事業がつづく。妻には「手形というとても便利なものがあるんだ」と自慢した。

だが、私は結局だまされて、倒産することになった。家もみんなとられてしまった。

水戸さんが妻に言ってくれた。

「奥さん、明日シャッターを閉めるので、今のうち隠せるものは隠して！」

妻は家具やオモチャを全部、知り合いの農家の納屋に隠した。お金も差し押さえられてしまうので、定期預金と生命保険をその日のうちに解約し五〇〇万円くらいを守った。子どものオシメの間に五〇〇万円以上入れて上京した。妻は、幼いときに夜逃げした経験があった。自分のお金は自分で守らなくてはならないと思っていた。

私は一足先に東京に出ていて、次の事業の準備を始めていた。彼女は急いで東京に来るなり、持ってきた現金を閉店間際の銀行に預けようとした。

「定期預金をしたいのですが」

だが、彼女の様子があまりにみすぼらしかったのか、放っておかれた。妻は怒り、たまたまその銀行の斜め前にあった三井信託銀行に飛び込んだ。閉店ぎりぎりだったが、そこでは丁重に扱ってくれて、通帳も作ってくれたという。その銀行とは今でもつきあっている。

倒産には、私が騙されたこともあったが、取引していた北海道銀行が態度を急変させたことも大きかった。そのうえ一番大変なときの東京の銀行の態度を経験する中で、「銀行から借りてやる商売はやりたくない」と思った。

この倒産の経験はこたえた。組合活動家の延長で事業をやることはできない――そのことを思い知らされた。

「人身売買、麻薬、殺人だけはやらない。それ以外は何でもやる」と周囲の者に語るようになったのは、このとき以来だろう。この事件は、まだ甘さの残っていた商売から、厳しくリアルな事業に突入していく、通過儀礼だったのかもしれない。私はこれ以降、死に物狂いで事業にのめりこむことになる。
一九七五年、四二歳の時のことだ。

三　ユニオン交通

●高い志と下積みへの決意

東京で、新しく「ユニオン交通」という会社を立ち上げた。組合の仲間たちの退職後の雇用の受け皿に……という当初からの私の構想を、「ユニオン交通」のなかで具体化しようとしていたのである。

「彼らが退職してきたら、それぞれ得意とする仕事をやってもらおう」

私は、かつて国労本部青年部長時代に「何かやるなら東京だ」と期するものがあったが、その思いをユニオン交通の起業というかたちで実現したことになる。

新橋の飲み屋で、細井、徳さん、人見君らと久しぶりに再会した。四・一七問題以降、国労本部内部での革同の力は一時的に後退していた。その後苦節七年、一九七一年に細井、子上に加えて徳さんと人見君が国労中央執行委員会に加わったのである。これは全国的な革同の盛り返しを反映した出来事だった。彼らと共にがんばろうと励ましあった。彼らは協力を約束してくれた。友人たちのありがたみを、とても嬉しく感じたことを思い出す。

資本金五〇〇〇万円をかつての組合の仲間や、当局の人間から集める努力をした。国労青年部をやっていたから、顔は広かった。従業員は三人から始めた。

会社側には「日本交通株式会社」があって、この会社が国鉄関連の仕事をとっていくのが現状だった。これに対抗する意味もこめつつ、志を大きくもって、社名を「ユニオン交通産業株式会社」とした。国鉄のために貢献したい。さらに国鉄関係の仕事を取っていくと同時に、志を大きく持って、自動車関係の仕事にまで広げようと思った。

始めに何をやるか。リサーチしたら、国鉄関係で貨車の解体をやる人がいないという。「牧さん、やんなさいよ」と言う人がいた。

貨車の解体仕事を始めることにした。一車解体して五〇万円くらいだったろうか。物販はやらない。サービスを主にしようと考えた。志を高くもちつつ、下積みの仕事でも「何でもやる！」という精神だった。

●国鉄と業者

国鉄にまつわる業者は多かった。しかし、いうまでもなく自由に参入できたわけではない。物販関係については、業者たちは「鉄道弘済会」を通じて国鉄から仕事をとっていた。お菓子の販売など、一回この国鉄関係の仕事網に入りこめたら、半永久的に続けることができる。

機械エンジニア関係については、「日本交通株式会社」を通して、業者は仕事をとっていく。この日本交通株式会社の専務は大きな権力をもっており、業者たちは彼らの言うなりにならざるをえなかった。

国鉄の交通機械関係についても、重層的な下請け構造があった。それはもはやできあがってしまっており、横から入り込むことは困難なように見えた。

さらに、国鉄の中小業者に対する対応にも、ある種の見下しがあったように思われた。私は、こういう体質を知るにつけ、こんなことでいいのか、と疑問に思わずにいられなかったのである。いずれにせよ、こうした国鉄内部の既得権の体系のなかに、我々ユニオン交通がどのように新規参入していくかが問われていたのだった。

●細井の協力、人見の友情

私は仕事を獲得していくために、国鉄当局にまともに正面からぶつかっていくことにした。その場合、私が国労運動の活動家であったことは予想以上の力になっていた。さらに、国鉄内部の仕事を勝ち取っていく上で、細井や国労の友人たちの協力は大きかった。細井は当局側に対して、多く便宜をはかってくれた。人見君は私の思いを理解してくれ、まるでユニオン交通の営業のように仕事掘り起しをしてくれたのだった。

通常、当局には業者への対応には格付けがあり、零細企業に対しては係長が対応することになっていた。ところが、私の場合、自分の前歴もあり、また友人たちの繋がりもあり、「工場の次長に話したい」と言えば話せる関係ができていたのである。彼らの対応も、通常の中小零細企業相手とは違っていた。信頼関係がつくられていたわけである。

●国鉄一家

ここには、当局、組合を含むある種の「国鉄一家」意識が働いていたかもしれない。私は北海道にいるときには、こうした一家意識を感じることはなく、東京で初めての体験だった。そうした人脈を生かしながら、国鉄内部の工場にも職場にも入っていけるようになった。しかし同時にそこにあぐらをかかないように戒めて、私は正面から当局にぶつかって、仕事をとっていったのだった。

貨車の解体や、トイレのブルーの液体なども我々にやらせてくれた。三〇〇〇万の試験の機械を落札できた。そういうことを国鉄当局はやらせてくれた。

新幹線に茶色いゴキブリがいる、弁当に入って困る……。トイレをブルーの水洗にしたいという。どうしたらたらいいか……。人見君たちは当局の保健課に行って、こういうニーズを掘り起こし、私のところに持ってきてくれたのだ。新幹線のトイレのブルーの水洗は私たちの仕事になった。

こういうことに、メーカーとも協力し合いながら、一つ一つ取り組んでいった。

●ブルーの液体

電車のトイレは今はタンクになっているが、昔は垂れ流しだった。それが保線労働者のからだにくっついてしまうという問題があった。これを何とかできないかというのは、私が組合活動をしている頃からの問題意識だった。

当局側もそういうことを考えており、そこで持ち上がったのが、そうした糞便の匂いを消すブルーの液体の開発だった。トイレを流すとき、そうしたブルーの液体、洗剤を使えないかということだった。

この商品の開発を、当局をはじめさまざまな業者とも協力して進めた。結局、このサービスは完成しなかったのだが――。

●自動販売機

あるとき思いついたのは、駅に自動販売機を置くというアイデアだった。当初は「キヨスクがあるからおく必要がない」という反対意見もあった。しかし、そういう反対を乗り越えて日本自動販売機という会社と結びついて駅の中に置いていった。ピンハネもあり、薄い利潤だったが、機敏にやった。これがきっかけで、国鉄の中に自販機がどんどん入っていった。それだけでない、日本全国いたるところに自販機が置かれる時代になっていった。これには私も驚いてしまった。

そうしたなかで、自販機は電気の無駄だということを痛感するようになっていった。駅の狭いホームにまで自販機を置くのもいかがなものかと思った。こういうものを野放しにしておくのは、国の政策の問題点ではないかと思うようになった。しかしそんなことを考えたとて、自分がやっていることをそのままにしていたのでは説得力に欠ける。ユニオン交通としては、この事業から即座に手を引くことにした。

儲かりそうなところに切り込むのも早かったが、切り上げるのも早かった。「儲かるから」と何にでもぶら下がることはしたくなかったのである。

●仕事と人間関係

私は、このように仕事をするなかで、事業でも「人間関係」が根本だと強く感じるようになった。国鉄で仕事をもぎとるために切り込んでいくのにも、第一に人柄だ、と感じるようになった。人間関係はいつも笑顔で、と心がけた。

私がとった仕事を、他の中小業者の人にあげることもあった。なかには仕事を取りたい一心で私に近寄り、仕事をもらうやなしのつぶてになる人も少なくなかった。「金の切れ目が縁の切れ目」とはこういうことか、と思った。仕事をとったりとられたり……ということが業者同士の人間関係に及ぼす複雑な人間関係を目の当たりにしたことも少なくなかった。

中小企業業者の中にあるエゴイズムを感じたのである。こういうところも、「団結はいのち」を信条とする私には違和感のあるところだった。

●労働組合運動と事業

自分の前半生を労働組合運動に捧げてきた私にとって、労働組合運動と後半生における事業との関係について、時おり考えることがある。労働組合運動と事業とは、「組織活動」という点での共通点がある。と同時に、当然のことながら大きな違いが横たわっていた。

組合の活動家が事業を始めようとすると、とかく陥りやすい一つの傾向があるように思う。そのことを尊敬する細井宗一などとの交流の中で感じさせられた。

例えば「中国に今、コンパクトカメラを売り込めば、爆発的に売れる」と私が提起する。そうすると細井は「中国総工会を使ってカメラを売ったらどうか」という返答になる。この発想、つまり何か既存の組織を利用しようという発想になってしまう。新しく開拓していくベンチャー精神に乏しい。これは細井だけでない、組合リーダーのなかにありがちなメンタリティではなかろうか。労働組合のもっている保守性ともつながってくるかもしれない。

細井と事業との関わりで言うと、こんなことがあった。みんなで「どうすれば儲かるか」話し合っていたときのことだ。細井が得々として、「株を安く買って高く売ればいいじゃないか」と語ったのだ。この時には、みんなで大笑いしてしまった。細井の「純粋さ」の、もう一つあらわれかもしれない。労働運動家と事業家とは、ことほどさように異なっているのだろうか。

●労使のサロン

いつしか、ユニオン交通は国鉄労使間のサロンの場となっていった。労働問題で双方が行き詰まる。どうやって打開するかの模索が始まる。その場合の、両者の接触の場になっていった。

それまで、酒は飲まないようにしてきたが、東京に出てから飲むようになった。私の酒は「殺し酒」。自分を殺しながら飲み、けっして酔わない酒だった。

当時の労働運動は、マル生闘争が終焉し、七五年スト権ストのたたかいも終わり、かつての高揚期を過ぎていた。たたかいは、労使の重点は団体交渉に移っていった。話し合いには時間が必要である。当局の若い幹部——私は彼らを「学士」と呼んでいた——は、ねばり強い交渉はできず、時間を待てなかった。組合側が「いくら時間をかけてもいい」という態度に出ると、交渉は平行線になってしまう。話し合いがつかないと、「学士」たちから相談をもちかけられた。こうしたらいいとアドバイスもした。経営側と付き合いながら、彼ら、特に若い連中に何の長期的ビジョンも思想もないのがわかった。酒や飯もいっしょにして話し合った。私は、組合が交渉で七割くらい押し返すと、三割くらいはクッションになってあげたものだ。

昔は、組合で経営とケンカばかりしていたが、今は両者のクッションになっていた。

●革同の精神共同体

私は、国鉄を退社し、国労運動からも共産党からも離脱した。組織メンバーとしては、革同を離れている。にもかかわらず、その後、革同の共同体の一員として今日に至っているように思う。

細井の支援、人見、徳沢の友情が、現実の国労運動から離脱した私を包み、革同の精神共同体に誘ってくれたのである。徳さんなど——私がまだ北海道に居るとき——国労本部役員として札幌に来た際には、革同の集まりに「牧ちゃんを呼べよ」と言っては誘ってくれた。当時の私は、運動から離れた深い心の傷を抱いて、懸命に生きていた。徳さんはそんな私を暖く包んでくれたのである。友人たちのそうした心遣いの積み重ねが、私の中で「俺は今でも革同の一員だ」という精神的共同への思いを持続させたように思う。

こういう気持ちは、共産党でもなく、労働組合というだけでもない、「革同」という、ある精神的な絆で結ばれた活動家集団の特質をよく表しているような気がしている。次の章では、七〇年代革同運動の模索——その断片を記してみたいと思う。

補章　革同——複数の焦点

この章では、革同の先輩・盟友たちが、七〇年代、どのような状況のもとにあり、どのような歩みを辿ったのか——私に見える範囲で断片的に記録しておきたい。仕事の関係上、先輩・盟友たちとしばしば顔を会わせたし、その機会に話を聞くことができたからである。

当時、私はもちろん国労運動の「外」にいた。以下、書かれる七〇年代革同運動の断面は、私自身が直接体験した事柄ではないことは言うまでもない。しかし同時に、私のユニオン交通事業は、かつての先輩や仲間たちに精神的にも支えられたし、細井や人見には仕事起しの面で大いに協力してもらったのも事実なのである。私自身、革同の精神的共同体の一員であることを人生の誇りとして、中小企業家としての日々を送ってもいた。その意味で、革同の親友たちの同時代史として、私なりの視点で触れてみたいと考えたのである。

加えて、この章にはもう一つの思いがある。細井宗一という存在が私にとっていかに決定的な存在であるか、今まで語ってきたところである。そうした細井を語る上でも、この時期の革同運動について、断片的なデッサンを試みることが必要だった。後の、私と細井との別れに至る契機は、実はこの時期の細井の活動の〈光と影〉のなかに潜んでいたと考えられるのである。それを見つめ直すことは、私の人生の軌跡を辿る上でも不可欠の作業だった。

本書をまとめるにあたって、私はあらためて徳さんたち革同の旧友にいろいろ聞いた。インタビュアーの高倉潤さんにも聞いてもらった。本章はこうした取材に基づいて編集された。

●国労本部の革同「初年兵教育」

一九七一年、国労中央執行委員会に徳さんと人見君が加わった。ここに、戦後革同の次世代のリーダーたちが本部に登場することになる。他ならぬ彼らが、八〇年代の分割民営化反対闘争を担っていくことになる。細井、子上に加えて徳沢、人見が加わったことで、またさらに独自の革同の運動世界が形作られることになる。

細井も子上も軍人出身ということで共通している。彼らは後輩の徳さんや人見君に対して、朝八時前には国労本部に出勤して、八時から三〇分、国労会館の掃除をするように指導した。掃除をしたあと、国労会館地下の喫茶店で子上と雑談する。そんななかで徳さんたちは多くのことを学んでいったようだ。徳さんは笑いながら、本部革同の「初年兵教育」だったと言っている。

実は、この「初年兵教育」には、もう一つ大事な意味が含まれていることに、後に徳さんは気づくことになる。それは、本部役員としての自主的規律の気風を育てる、ということだ。国労の場合、本部役員は朝出てくる義務があるわけではない。自分で活動のタイムスケジュールを組み立てていく。だから、本人の自覚がないかぎり、自分で自己規律していかなくては、いくらでも怠慢な役員になれてしまうという陥穽があった。現に、自己規律できない組合役員も少なくなかったのである。その意味でも、子上さんの配慮によるこの「初年兵教育」は、大きな意味があった。

●細井と徳さん

徳さんが九州の地本から国労本部に来たのは、細井のオルグによるものだった。細井は徳さんの行動力と人柄に魅力を感じ声をかけたのだろう。九州の地に愛着のある徳さんは、なかなか東京に出てくることを受け入れなかったようだ。

細井は徳さんについて、その類稀な行動力に一目も二目も置いていた。同時に「何をしでかすか分からない男」と見ていたようだった。理論派・細井の価値尺度ではなかなか測りようのないケタはずれのところが、徳さんにはあったように思う。細井はある学者と雑談することがあり、活動家の人物評に話が及んだことがある。人物評の中で、徳さんを「カイダン児」だと言った。「カイダン児」とは、「怪男児」のことか、「快男児」のことか？　人見君も交えてみんなで笑いながら話したことがあった。細井はどうも徳さんのことを、「怪男児」と思っていたふしがある。しかし徳さんは、ニヤリと笑って「快男児の方さ」と言うのだった。

●子上昌幸の影響

本部に来た徳さんは、子上からも多くのことを摂取していたようだ。子上は運動実務的にも、たいへん優れた活動家だった。職場労働運動をどう組織するのか、そうした運動実務についても子上は大きな貢献をしたのだった。職場交渉権の文書なども一晩でつくってしまう。

革同のなかで討論していたときのことだ。子上が基調報告をして、その後、けんけんがくがくの討論が行われる。そして討論の終わりごろに、その間の討論を摂取して、子上は最初の基調報告と半分くらい違う話を堂々と展開するのだった。そのくらいのことは朝飯前の人だった。

国労の職場交渉権要求の中で、中労委に出す文書のほとんどを子上が書いていたという。国鉄内の多くのものごとに精通していた。様々な課題を、労基法にどう結びつけるのか、安全問題にどう結びつけるのかをよく考え抜いている指導者だった。

マル生反対闘争の頃だ。徳さんが子上に「要求書をどう書いたらいいですか?」と聞いた。子上はすかさず「教育基本法を読め」と応えたという。これには、徳さんはビックリした。マル生直後も、企業内教育とは何かという問題が国労中央でよく議論されていた。そのとき子上は憲法論争から始めるのが常だった。教育基本法が決まるときに、企業内教育は社会教育の一環として入っていたことに子上は注目していた。そういう関係から「企業内教育のあり方は、教育基本法の範疇でいくべきだ」とかれは主張していた。左派労働組合活動家たるもの、頭の中では職場の中の企業主義に疑問をもってはいる。しかし、実際の日常のなかでは、労働組合活動家は、企業主義の枠内でしか発想しえない傾向がある。だから、「教育基本法を読め」という発想は思いもよらない発言だったわけである。企業主義をぬけない活動家の日常意識を、子上の発想は突き破る。彼の見識の高さだろう。

子上は新しい運動領域への挑戦もした。企業家としての才能もあったのではないか。国労の交運共済は子上が主導的に全国的につくりあげたものなのである。細井とは異なり、〈経営〉的視点も兼ね備えたリーダーだった。

多士済々だった。たとえば革同リーダーである細井と子上とは運動家としてもかなり対照的な個性の持ち主だった。

●細井と子上──異なる個性の共同

革同と言うと、一枚岩のように外からは見えるかもしれないが、実はそうでもない。なかなかに多士済々だった。たとえば革同リーダーである細井と子上とは運動家としてもかなり対照的な個性の持ち主だった。

徳さんから聞いたエピソード。国労中央執行委員会の革同のメンバーで昼飯を食べに行くことがあった。子上は「肉食いに行こう」と言い、細井は「魚だ」と言う。もう一人、長瀬さんという活動家がおり、彼には双子の子どもがいた。その長瀬さんが「俺は肉も魚も食べたい」と言う。すると細井が「そんな中途半端なことを言うのは、君は精神がデレデレしている証拠だ。そんなことだから双子が生まれるのだ」。「双子」と何の関係があるのか？

子上と細井とは、思えば思考や感性の焦点が違っていたかもしれない。

この二人には、個性の違いから来る、ある種の役割分担があった。子上は鉄道の仕事をよく知っていた。駅・機関区など、職場の具体的な実態については子上の方が細井よりはるかに詳しい。そのくらい、現場、職場に子上は入っていた。調査活動も彼の得意とするところである。それに対して、国労の大きな労働組合戦略論を練り上げていったのが、細井である。細井は大きな運動の流れをつかみ、政治的対抗上の労働運動の位置をつかむことに秀でていた。

そうした分業関係は、職場闘争論の構築のなかでも発揮された。職場闘争を「仕事と労働条件」

セットで構築していったのは、子上だった。こうした職場闘争の理屈付けをしていったのが子上、それを大きな運動論として打ち出していったのは細井である。時に反発し合う二つの個性——しかし職場闘争論を構築するとき、二人の呼吸がピタッと合った。

二人は個人的にはウマが合わないことも少なくなかった。しかし彼らは、運動上必要があるときは、ピタッと呼吸を合わせることができた二人でもあったのである。

細井と子上——こうした革同の二つの焦点が、革同運動の理論・実践の深さと、その幅広さをかたちづくっていたように思う。

●運動知識人と叩き上げ活動家

こうした「複数の焦点」は細井・子上の間にだけあったのではない。彼らとその次の世代の革同リーダーたちとの間にもあったのではないか。

子上といい、細井といい、彼らは運動の中の「知識人」でもあった。理論的体系的に思考することのできる知識人であり、彼らがマルクス主義、共産党の路線に魅せられ、それを国労運動の中に具体的に柔軟に適応させていこうとした。

そうした彼らと、敗戦とその後の戦後の混乱期を、貧困のなかで潜りぬけてきた若い叩き上げの活動家たちとが、共に補い合いながら革同運動を創り上げていった。私もまた、後者の活動家群像の一員として生きていたわけだ。若い組合活動家たちは、生きた闘いの経験のなかから、労働運動の理論と戦略・戦術を体得していった。

そこには生きた現実から出発する、すぐれた〈経験〉主義が息づいていた。徳さんたちは、もちまえの豊かな感性と共に、そういう作風を体現した運動家だったのではなかろうか。徳さんはそうした作風を拠りどころとして、細井と方針をめぐって何度も対立しあったようだ。細井の「理論」と徳さんの〈経験〉とが火花を散らす場面が何度もあったようである。徳さんたち叩き上げ活動家のエネルギーと、細井、子上らの運動知識人たちとが時に葛藤しながら革同運動のダイナミックスをつくりだしていたのだと思う。

●反合理化・職場闘争の拠点

国労本部でも、革同は常に少数派であった。にもかかわらず、これからも述べていくように、革同の影響力は国労内で無視しえない大きな力だった。それはなぜだろうか。色々な要因があるだろうが、その一つは反合理化闘争の中心に、常に革同がいたということがあるだろう。反合理化闘争の拠点は、だいたいが革同がイニシアをとっている職場だった。それが巨大組織・国労全体を動かしたのではないだろうか。

当局は、革同を中心とした反合理化闘争、職場闘争が高揚していくと、革同と話をつけなくては物事が収まらない、と判断するようになる。六〇年代までは九州の反合理化闘争の中心にはいつも徳さんいた。例えば九州でゴタゴタがおこると、当局は国労中央のなかで、誰よりも革同リーダー・子上との折衝を求めるようになる。現場の革同活動家層の闘いが、国労全体を動かしていったのである。

「国労はおもしろい組合」（徳沢一のはなし）

国労はおもしろい組合だ、徳さんは言う。

《国労というところは、おもしろい組合だ。あるところで激しく対立したりいがみあったりするけれど、たちまち共同もしていく。そういう独特のおもしろさがあった。

国労中央執行委員会で大もめにもめることはしょっちゅうのこと。すると、議長が発言する。

「では、この辺で次回会議に……」

それにつづけて「それまでに関係者間でご検討ください」

「関係者間」って何だ？　要するにあとは「ボス交」をやってくれ、という意味。他のフラクションの情報が筒抜けなのも特徴だった。

他の労組と比べて、外部に秘密がない。こういう体質は、妙な喜劇を多く生み出しもしたが、他面、国労内部に潮流を越えた一致点をつくりやすい性格にもなっていたようだ。

同じようなことは、国労の分裂組合の活動家との関係でもあった。国労の順法闘争に国労脱退者も参加することもあった。そういうおおらかさがあった。こうしたところは外部の人には分かりにくいだろうがね》

徳さんはこうも語る。

《ワシと武藤久とは、国労中央執行委員会の席上で何度も、周囲がびっくりするほどの大論争、大喧嘩をしたものだ。しかし翌日になると、お互いに、決して眼をそらすようなことはなかったな。なぜかって？　そりゃ、来る日も来る日も反合理化闘争を闘わなければならなかった時期の、北九州の国労運動を共に闘ったからな。警察と対峙するピケット、スクラムを、武藤といっしょになって組んだ。お互いに「逃げるなよ」と言い合ったものだよ。その時にさ、相手の、手のぬくもりまで伝わってくるんだ。手だけじゃない。心臓の鼓動まで聞こえてくるんだ。あの感触は生涯忘れられない。ワシャ思うよ。統一戦線の奥底にあるものは、単なるリクツじゃない。もっと深い、〈素朴なもの〉が横たわっているのではないかな》

牧野文夫の〈生き方としての統一戦線〉と通じる感性ではなかろうか。

●組合選挙規則の改正

細井宗一は、六〇年代後半から七〇年代いっぱいにかけて、国労運動に大きな足跡を残した。そのなかの重要な仕事の一つが、組合選挙の選挙規則の改正である。このことは案外知られていないので、ここに記しておこう。それまでの国労の選挙規則は、多数派が思うように勝手に決めていた側面があった。当時の組合選挙はメチャクチャだったように思う。それを細井は、多数派が組合役員を独占できないように少数意見を反映できるように規則を変えたのである。とくに完全連記制にすると、多数派が執行部の全部をとってしまう。そうした多数派による執行部独占を警戒し、細井が中心になって、単記制と制限連記制の組み合わせにさせたのである。国労では、三名以上の連記をさせないようにしている。例えば役員五名以下の定員の場合は、単記にする。一〇名以下の場合は、二名連記までとするなど、いくつかの段階も設定した。これは今も生きている。国労に革同が一定の影響力を持ち続けている理由の一つは、実はこうした選挙規則によるところが大きい。

最近でも、共産党の影響力のある組合で、一〇名連記をやっているようなところがあって驚いたことがあった。選挙規約の重要性が、組合民主主義において重要な意味をもつという考え方が、まだ十分に労働運動に浸透していないのだろうか。その意味でも、細井の先見性、彼のしたたかな実践的知恵を感じるのだ。

組合規約、選挙規定

細井宗一は『労働組合幹部論』のなかで、以下のように述べている。

「組合規約は労働組合における憲法です。労働組合を真にたたかう部隊にし、組合の民主的運営を実現するためには、規約にその保証が明示されなければなりません。したがって、幹部は規約はどうあらねばならないかを知っているとともに、みずからが規約をつくる能力をもつことが大切です。……組合民主主義の確立は組合運営の生命です。……規約のうえで大切なことは、組合役員の選挙に関する規定です。選挙の規定では、完全な秘密投票を保証するとともに、組合員の意思の反映を具体的に保証することです。日本のばあい、階級的労働組合といわれるところでも、選挙規定では完全連記制を採用しているところがあります。単記制もしくは、すくなくとも制限連記制とすべきです」

●国労新綱領

一九七三年から、国労は二六年前に作られた「国鉄労働組合綱領」の改正論議を開始した。その背景には、六〇年代後半からの民間先行の「右寄り反共」労戦再編が挫折したこと、マル生闘争に歴史的勝利をしたことなどがあり、こうした経験を踏まえて「階級的労働運動の前進」の方向を明らかにするために、国労綱領の改訂に向かった。

原案を書いたのは細井だ。共産党系学者、向坂派、太田派学者ら、みんな一緒に議論した。そういう議論を組織したのが細井の力だったと思う。新綱領を作っていく過程も、統一戦線的だったわけである。

一九七五年に確定された新綱領は、労働組合の性格と任務を説いた第一項において、「生活と権利を守り、労働条件を改善するために闘う」と同時に、この闘いを通じて、「資本主義社会が労働者の搾取をつよめるものであることを認識し、われわれは、労働者階級の解放をめざして闘う」と謳った。あの新綱領は格調が高く、簡潔にほぼすべての運動課題が網羅されている名文だと思う。日常的な闘いをとおしての階級意識形成の重要性を説くくだりには、細井の運動哲学を感じるのだ。あれだけの綱領をつくるには、ヨーロッパに行って、その眼で学んできたことも大きかったのではないか。

この綱領の問題意識は、細井の中ではさらにその二年後の民主的規制路線に具体化され連動して行くように思われる。

●スト権ストの敗北の頃

私がユニオン交通を始めたころ、国労運動にとって大きな曲がり角になるような出来事が起こった。「スト権スト」である。

スト権奪還は一九四八年の「政令二〇一号」によってスト権を剥奪されて以来、官公労労働組合運動の悲願だった。以来国労は、スト権剥奪のもとで処分につぐ処分の連続の中にあっても、ストを含む順法闘争をはじめ地道な組合運動を積み上げ、いつどのようなときでも実力行使ができるまでにその団結力をつちかってきた。そしていよいよ、官公労、とりわけ国労を含む公労協は、永年の悲願であったストライキ権奪還を直接の要求として正面からたたかいを挑むことになった。国労側にも、スト権奪還は「射程距離」に入ったという議論が有力になってくる。革同リーダーの細井宗一は、こうした「スト射程距離論」をさかんにアジっていた。それまでの運動の蓄積から、全面的とまで行かなくても、処分だけでも少し軽くなるような「制限されたスト権」くらいはとれるのではないかという希望が国労のリーダー層に生まれていたのだった。

一九七五年一一月二六日午前〇時から全国全列車を止める無期限ストに突入した。しかしスト権ストは、八日間（一九二時間）にわたる長期全面ストを闘い抜いたにもかかわらず、目標を実現することなく自らの判断で収拾されるに至った。安保闘争のような広大な大衆運動的背景をもたない労働運動の敗北だった。スト権ストでは、国労指導部は、正当な要求だが、力関係を誤って判断し、敗北を喫してしまうことになる。国家権力の恐ろしさを彼らはわかっていなかったのではないか。おそらく権力の側は、「スト権スト」を契機に国労潰しを本格的に考え始めたと思う。

●「四・一七よりきついよ」

いろんな情報に接していた私は、スト準備段階で細井に言った。

「四・一七のときよりきついよ」

細井は「そうかもしれないな」と語っていたのを憶えている。細井は分かっていたのだと思う。

革同、共産党は、このストが全国的な力関係のなかで、どのような限界があるかを堂々と指摘することができなかったのである。そこには、六四年四・八声明の政治介入による悲劇を繰り返してはならないというセーブがかかっていた面は否定できない。

当時、富塚に頼まれて愛媛みかんを売って歩いたのを憶えている。愛媛の農協がスト権ストによる損害賠償請求をした際に、愛媛みかんを売れないか、というのが富塚の依頼だった。私は細井と一緒にユニオン交通で、ソ連に売り込もうと算段したことがあった。結局この話はうまくいかなかったのだが。

このスト権ストの敗北以後、国労運動は大きな曲がり角に直面していくことになる。

●民主的規制論

曲がり角に立つ国労運動が、その活路をどこに見出していくのか。私の先輩・友人たちの必死の模索が始まっていた。国鉄労働運動は一九七七年の大会で、民主的規制という新しい路線を打ち出す。その基本認識は、いまや「国鉄労働者の雇用や労働条件の〈合理化〉に反対する闘いは、国民のための国鉄を維持し発展させる課題と切り離せなくなった」、こういう状況のもとでは、「国鉄労働者と国民の意思を国鉄のあり方の重要な部分におしつけていく」闘いが必要とされているということにあった。

この民主的規制は、①社会的レベルにおける国鉄の民主的規制と、②国鉄内の民主的規制の二つのレベルで構成され、具体的な闘いとしては、①総合的な交通民主化のたたかい、②「国民の足を守る会議」の充実・強化、③貨物輸送の民主化、④ローカル線問題などへの取り組みを提起していた。さらに、この民主的規制とからめて、「労働者の自主的規律」の問題も提起されていたことに意義があった。(『国鉄労働組合五〇年史』)

この民主的規制路線を構想し、それを国労運動の路線・方針として全体のものに共有させるイニシアを発揮したのが細井宗一だった。細井は、ヨーロッパの労働運動、例えばイタリア労働総同盟の運動から大きな影響を受け、それを日本に具体化しようとしていた。この民主的規制路線で革同は一本にまとまる。

●細井の理論と徳さんの〈経験〉

細井がこの構想を胸に抱き始めた頃のことである。細井が、そのことを徳さんに話したら、徳さんは「実によくわかる」と言う。この提起にいち早く共感と支持をよせたのが徳さんだ。細井もその反応に驚いていたようだ。「なぜ君は、理解できるのだ?」と。

その背景には、徳さんの北九州での痛切な体験があった。徳さんは、北九州の筑豊地帯の炭鉱がつぶされ、一〇万人の国労組織が三万人に減っているのを経験している。炭鉱がなくなれば貨車も要らない。国鉄の線路は、炭鉱中心に廃線されて行く。こういうなかで、来る日も来る日も厳しい反合理化闘争を展開していたわけだ。もはや地域を変えなくてはどうにもならない。地域産業をつくらなくてはならない。地域の新婦人の活動家たちが、ゆで卵にスローガンを書いて応援してくれたことに、徳さんは感動していた。地域の人たちに支えられる労働運動、地域の人たちと一緒につくっていく労働運動が必要だということを、徳さんは心底感じた。こういう体験と問題意識が細井の民主的規制路線の提起と見事にかみ合っていた。

そう言えば、この一九七七年の大会で民主的規制の基調報告をしたのが、民同の北九州出身の武藤久だったことも偶然ではあるまい。そして、徳さんたちは現に、こうした考え方を基礎にして、その後の分割民営化反対闘争を闘っていったのである。

しかし、当時としては、革同のなかでもこうした提起については理屈のレベルで受け止めるにとどまる傾向があった。まだ七〇年代後半の時期には、徳さんのように地域経済・地域社会の崩壊過程を、身体ごと実感していた運動家は、まだ実は少なかったかもしれない。そのことが民主的規制路線の具体的実践論の貧困の原因になっている。

事業家である私も、やがて変り行く中国をこの眼で見、農業への関心を高める中で、徳さんの抱いた問題意識に接近していくことになる。しかし、それはまだ先の話だ。

結局、民主的規制路線は十分に具体化されないまま、国労は、支配層による国鉄分割民営化の嵐にさらされることになったのである。

●細井のネットワーク

細井は七〇年代初頭に国労綱領の執筆に全力を傾注し、そして、スト権奪還闘争、さらに民主的規制路線の提起へと進む。このように、細井は七〇年代もずっと国労運動の基本路線に大きな影響を与え続けてきたわけである。

細井は、民同幹部にも多くのネットワークをもつ稀有な共産党員労働運動家だった。少数派の革同に属しながら、民同系リーダーである岩井章、富塚三夫、武藤久らとの交流の深さはよく知られている。統一戦線の考え方を重視したというだけでなく、政治的立場を越えた魅力と包容力をもった指導者だった。しかし富塚と親しい細井と、富塚と対立している社会主義協会と共同しようとする革同グループとのあいだには、微妙な問題も生まれていたようである。そのことが、後の分割民営化への細井の判断につながる。

もし彼が主流派に属していたら、間違いなく国労の委員長に、そしてやがては国会議員になっていただろうという声も強い。

●細井の影響力——当局の信頼

それだけではない。細井への当局の信頼は厚かった。彼は戦闘的な労働組合主義者であり、自他共に認める共産主義者であったにもかかわらず、当局の官僚層からの信頼は厚いものがあったのである。

七〇年代当時、こんなことが国鉄や国労のなかで言われていた。「理屈の酒井」、「はったりの富塚」、「示談屋の細井」というのだ。酒井は社会主義協会派のリーダーでなかなかの論客だった。しかし彼には細井のような社交性や違う立場の人間への包容力は乏しかった。富塚は国労の書記長であり、後の総評事務局長である。しかし、富塚という男がまた当局から全く信頼がないのである。なぜなら富塚は当局との労使の約束を守らないからだ。実は、これは富塚のキャラクターだけのことではない。民同の体質にまで及んでいるような気がする。民同のなかには、交渉で一度まとまったことを、その後、一〇回くらい変更させた者もいたのである。そうしたルーズさに、当局は辟易していたようだ。細井と富塚ら多くの民同系リーダーとの違いは——これは革同と民同との違いでもある——交渉で当局と交わした約束を細井や革同は必ず守ったことにある。これが「交渉屋」のモラルというものだろう。細井が当局から「示談屋」と呼ばれるゆえんである。

●「細井学校」の面々

細井はみんなから「だんな」と呼ばれた。当局側にも、細井の「だんな」に敬意をもつ者は少なくなかった。当局側の多くが細井の「だんな」に一目も二目も置いていた。

経営側は、組合側を統御できる強い指導者に接近する。組合をまとめることのできない指導者を、表面上はいざ知らず、腹の中では馬鹿にして相手にしないものだ。経営側にとって、細井は「組合側をまとめることのできる」力をもったリーダーとして、深く「信頼」していたわけである。その背後に、国労全体のなかで、戦闘的な拠点職場を革同が押さえていたことが大きな意味をもっている。そういう現場の力を基礎にして、細井の当局への影響力も可能になったわけだ。

東大出身のエリート若手官僚たちが、適当な時間をみはからって細井と喫茶店で珈琲を飲むという風習もあった。二、三時間くらい議論していたようだ。それは周囲から「細井学校」と言われていた。これは「癒着」とは異なる、国鉄労使関係の面白いところだったのだろう。私が後に交流を深める田村剛さんなども、この「細井学校」に加わっていたらしい。井手も「細井学校」に出入りしている。

私のよく知る当局サイドにいた人物が、かつて私にこんなことを語っていた。

「細井のだんなは、たとえば共産党の志位あたりとはモノが違う。正論をふりかざして、周りをうんざりさせるような共産党的政治家とは全く違うタイプの共産党だった。だんなのような人物が共産党の指導者だったら、もっと共産党も大きな勢力になったのではないか」

一理あるかもしれない、と思う。

国鉄分割民営化の急先鋒に立っていた葛西敬之は、自分は組合と全く関係のない潔癖な経営者だという素振りをしている。ところが、である。じつはあの葛西が「細井学校」の参加者の一人だったのである。葛西は細井の「だんな」にはべったりで、ある時期、「だんな」のところに日参していた話は有名である。

●当局と労働運動指導者との関係

そういう信頼関係は労働運動にとっても、ある意味で重要なことだと私は考えている。そして、そのこと自体は、労使関係にとって必要なことであり、労働組合の指導者としての重要な資質でさえあろう。当局を単純な「敵」とだけ考える見方からは、労働運動の前進はありうえない。私の体験から言っても、あの五〇～六〇年代の職場闘争ですら、助役たちとの一定の人間的信頼関係ぬきには、要求の獲得、前進はありえなかったからである。

企業内労働組合運動には、不可避的に非公式なレベルでの経営側との折衝、情報交換がついてまわる。大きな組織になればなるほどそうだ。交渉の落としどころをお互いに探っていかなくてはならないからだ。また、公共交通に責任をもつ点では、国鉄の場合、労使ともにその責任を分かち合わなくてはならない側面がある。

国労と経営側との情報交換はいろいろなレベルで行われていた。それは「労使癒着」とどう違うか。ある経営サイドの友人が言ったことがある。

「立場を越えて、人間的に対等に付き合うということと、癒着とはまったく別のことだ」

「正々堂々の〈立ち技〉があってこその〈寝技〉だ。〈寝技〉ばかりの交渉があるとすれば、そんなものは労使関係の堕落だ」

私も同感だ。

●細井の変化

しかし、ある時期からの細井のありようは、私の眼からは限度を越えていた。当局と、お互いに接待し合う関係が生まれていた。生活を自ら律していた細井が、当局に誘われてゴルフに興じるようになっていった。ゴルフのバッグを人に頼んで運ばせるのを見たときの私の失望を今でも忘れることはできない。

民同の一部にはそうした文化はあった。東京地本のSは年に二〇〇回当局とゴルフをやっていたという伝説があるくらいだ。しかし、皮肉にも細井は理想主義を旗印とする革同のリーダーだった。細井自身がある時期、そうした革同のシンボルでさえあった。そして、その時期の細井を尊敬してやまなかった私からするなら、この細井の変化は許容の限度を越えるものだった。

国労は七〇年前後のマル生闘争の試練を、果敢な職場闘争によって突破し、画期的な勝利をかちとった。そして念願の現場協議制を実現していった。しかし、そこに落し穴があった。職制機能は麻痺し、管理職といえども、組合に逆らえないという状況も生まれていった。労働組合の中に見えない「奢り」が生まれ始めていた。かつて、「雪の上のウンコ」を語っていた細井の中にも、そうした慢心が生まれていたのではなかろうか。対する当局は、こうした職場の労使関係の変容を嫌い、左派活動家の懐柔を開始する。その魔の手は革同リーダーの細井にまで及んだのか。

●「純粋さ」のゆくえ

私は、前に細井宗一の「純粋さ」について書いた。こういう純粋さは、しかし両義的な面をもっている。若いときに遊んでいない人間が、中年以降に遊ぶと、のめりこんで歯止めが利かなくなる事がままある。同じようなことが、細井にもあったか。当局側と、細井がある時期以降、やや無節操に――と私には思われる――お互い接待しあうようになる背景に、そんな彼の「純粋さ」の反動があったような気がしている。

私には、そういう細井に不信感を抱くようになった。しかし、徳さんは人間・細井宗一のそうした純粋さを、その純粋な志が成し遂げた大きな仕事と、しかしながらそこに随伴している人間的弱さも含めて、トータルに暖かく受けとめようとしているように思える。そうした思いを、私も理解できる。人情家・徳さんの人柄がここにも滲み出ている。

第六章　西へ、東へ
――事業の展開

一九七〇年代後半から、私の事業はいっそう本格化していったように思う。修理サービスにも手を伸ばし、海外にも旺盛に事業展開した。馬車馬のように、事業にのめりこんでいった。そのなかで、左翼活動家だった時代と違った、新しい出会いも生まれた。本章では、私のこの時期の新しい事業と人間的交流について、書いておきたい。

一　イースタンジーゼル社――中小企業労働組合との対立

●イースタンジーゼル社を引き受ける

私は、一九七〇年代後半、従業員二〇名くらいのイースタンジーゼル社を引き受けることになった。もともとこの会社は、東京相互銀行の副頭取が取引をしている会社だった。争議が起こり、負債総額も六億くらいだった。争議は当時全国的に起こっていた「自主生産闘争」に発展していった。この会社の組合も、自主生産闘争に熱心な全国金属労働組合に結集していた。当時、この組合の顧問弁護士をしていたのが、福島等弁護士だった。福島さんは白鳥事件の弁護士として活動していたので、私はその名を知っていた。これが福島先生との出会いだった。その後、生涯にわたる親しい友となる。

私はこの会社を引き取ることにした。もちろん組合活動を認めた。

●誤れる「権利意識」

ところが皮肉にもこの全国金属の労働組合の連中に、私は大いに手を焼くことになる。

彼らには誤った権利意識があった。そもそも、まじめに働こうとしない。私はかつて国労運動の中で、「大いに働こう」を大事なスローガンとして掲げていた。そんな私からすると、この組合には「大いに働こう」という精神が根本的に抜け落ちていた。ただの「物取り主義」があるだけだった。

そもそも、あいさつもしない。中国人たちが技術を習得しに工場に来ても、彼らに工場で教えてあげるということは全くなかったのである。そのくせ仕事中に平気で自分の車を工場に持ち込み、洗ったりしている。

私の妻が労働者のために昼飯を作ってあげようとしたことがあった。しかし猜疑心にとらわれている彼らは、そうした人間の善意も、自分たちへの監視と勘ぐるのだった。

●止むことなき猜疑心

彼らは、はなから経営による経理公開を疑ってかかっていた。どうも私に隠し財産があるとでも思っていたようである。私は事情があって何度か引っ越したのだが、そのたびに彼らは私の引越し先を執念深く調べ、さがしては隠し財産がありはしないかと眼を光らせていたわけだ。私がからだをこわして以降もその蛇のようなしつこさは続き、私の家族も含めて辟易したものだった。

彼らには、中小企業の独自性が理解できていなかったようだ。彼らと団体交渉の席で何度もやり合った。大資本はいいが、小さい企業に法外な要求をされても困る、赤字が増えてしまう。中小企業にはそれなりの器があるのだ、そこから脱皮するのは大変なのだと語った。

この組合には共産党員が多かったようだ。私は、こんな連中が「二つの敵」などと笑わせる！そう思ったものだ。私はかつて国労の中で物取り主義の民同と闘ってきた。今度は共産党の物取り主義と、中小企業経営者として闘うことになったわけだ。

●「本当にあげちゃっていいのですか？」

私はある時、彼らに株式をくれてやることとし、この会社を手放すことにした。その話をしたとき、顧問弁護士の福島等さんはびっくりして「本当にあげちゃっていいのですか？」と言った。私は、こういう話が一つくらいあってもいいのではないかと思っていた。そして、こういう活動家連中と完全に手を切ることのほうを選んだ。

二　保守政治家の素顔――荒船清十郎

●名刺の力

私は事業活動をするうちにいつしか自民党の代議士、荒船清十郎と仲良くなった。荒船には橋本という後援会長がいた。熊谷市に住んでいた。橋本はその彼が古くからの荒船の金づるで、地域の財閥の家だった。親は三洋電機の株主の筆頭だという。パチンコ台などをつくって儲けた人だった。ビルももっていた。橋本からこのビルに本屋を出してみないか、と声がかかったことがある。橋本という人物との付き合いが、荒船との出会いに繋がっていった。

私は次のような名刺を今も保管している。

「衆院予算委員長　荒船清十郎　牧野君と御交友ください。一切の責任を負います」

この名刺をもって、有楽町のあるビル、会員制の絨毯の敷いた店で我々は飲み食いしたことがある。

荒船の名刺の威力は、他の自民党議員との交流の中でも発揮された。荒船の名刺で会った加藤六月に、私は信頼する人物を東京駅の駅長にしてくれと頼んだことがある。その人物は定時制学校を出て苦学した、地味な人柄の人であった。

荒船は温厚で優しい人柄だった。若いとき、ある遊郭の女性たちを全員身請けして父親に怒られたというエピソードもある。社会的弱者への共感をもった庶民派の自民党代議士だった。一本筋の通った人物で、ロッキード事件の際に、汚職を追及する共産党にたくさん発言させたりした。「あといないのか?」というくらいまで発言させたことで知られている。

保守政治家といっても、今昔の感がある。今の時代、まじめに庶民の生活を考える保守政治家がいなくなってしまった。そこに日本社会の堕落が象徴的に現われているのではないか。荒船清十郎のような気骨ある保守は今いない。

●「赤い社長」と言われて

荒船の名刺の効果もあって、私は事業の中で友人たちと毎晩銀座で夜に飲み歩くようになっていった。そんな私を元国労出身の民社党議員が国会質問で取り上げたのには呆れた。「共産党の社長が、毎晩飲み歩いている。この金はどこから出ているのか」というわけである。

一個人への誹謗中傷を、しかも国会で取り上げるのだから全く呆れ返った。一度、週刊誌でも「赤い社長」とレッテルを貼られ、「年商二億の不思議」なるデマを記事にされたことがある。私の共産党員としての半生は、例えばこういう形でも私に付きまとって離れることはなかった。

三　「アメリカに新幹線を」

●壮大な計画

一九八〇年頃、私の胸を熱くさせる壮大な事業計画がもちあがった。

当時、田村剛さんが国鉄のニューヨーク支店長をやっていた。田村さんについては「五」でのべる。彼が「ロス・アンジェルスーサンディエゴ間は四車線の高速道路でつながっていたが、いつも満員で渋滞している、こんなことじゃダメだ」と話していた。ちなみにサンディエゴには第七艦隊の基地がある。田村さんはここに、日本の新幹線を引いたらどうかというアイデアをだしたのである。カーター政権時代の運輸長官ボイドがその話を聞いて乗ってきた。

「そのとおりだ。会社をつくろう」というのである。

合弁会社をつくって共同でやろうという話になった。そのためには、三〇〇万ドル必要だという。誰にカネを出させるか。笹川良一の名があがっていた。

●笹川良一を説得する

笹川には事前に話は行っていて、彼も事情を一通り把握していたのだが、アト一歩のところで決断ができないでいた。そんななか、私が交渉することになったのである。

もともと笹川の船舶振興会旧事務所が虎ノ門にあった。近くには文部省や通産省があり、ユニオン交通の事務所もそのあたりにあった。すぐ側に日本閣という食堂があり、昼になると文部省や通産省の官僚が飯を食いに来て、情報交換をしていた。そこには笹川の秘書・大森や私なども同席していたのだった。そういう関係で船舶振興会との交流はあったものの、笹川とはそれまで会ったことがなかった。

品川駅の前に笹川事務所のビルがあるが、私はそこへ出かけていった。笹川との出会いである。私は彼の前で思いっきりアジった。

「アメリカ海軍を乗っ取ろうではないか。第七艦隊をひっくり返すならここしかない。新幹線をつくってしまえば、それを我々が止めることができる。交通が止まってしまえば、第七艦隊を動かす人間がいなくなるではないか。そうなれば第七艦隊はただの鉄屑だ。動けなくなる」

そんなことを熱っぽく語った。笹川は「おもしろいことを言うなあ」と大笑いした。彼は私の話を聞くと、「わかった」と言って、三〇〇万ドル出してくれることになった。

野村證券の田淵節也氏も笹川に刺激されてか、出してもいいという話になった。桁違いの金が一つのプロジェクトに集まってくることになった。この過程を見、経験するなかで、ある壮大な計画を立て、それが人々を動かすなら、「金は集まってくるものだ」ということを、私は確信するようになっていった。この経験、確信を社会運動の再生に生かせないものだろうか、といま思っている。

●笹川良一との交流

笹川との交流で印象的なことがあった。

笹川のビルの窓から見下ろすと、品川駅構内が見渡せた。私は驚かないわけにはいかなかった。どう表現していいか分からない。人生観がグラッとした感じだった。

一九六四年四・一七スト問題のことを想起した。品川駅は国鉄の心臓部である。この事務所から見渡すなら、品川駅のすべてを見渡すことができる。国労がどんなにストを遂行しようと、手に取るように見える。機動隊が入ってくるのも見えるだろう。総評がやろうとしたゼネストは、こんな風に支配層によって見渡されていたのではないか。そんなことも知らずに、ゼネストを打とうとするのは、やはり冒険主義だったのではないか。

私は北海道で東京から発せられるゼネスト指令を受ける立場にいたが、その時の東京における階級対抗のリアリティは伝わってこなかった。この光景を見たとき、私は迷いながらゼネストに反対した自分の立場は間違っていなかったと直感した。それは共産党中央による政治主義的な組合引き回しの立場に賛成ということではない。それとは全く別の、私のなかの四・一七スト批判の感覚ともいうべきものだった。私のなかにわだかまっていた四・一七スト問題は、この出来事によって区切りがついたのだった。

私の後ろにいた笹川は言った。

「この窓から見るなら、どんな出来事も、小石が川にポチャンと落ちるようなものでしかない」

泰然自若の笹川を感じさせられた。

●「おい、共産党!」

当時、第一回日米経済人会議があって、笹川財団がとりもって主催した。野村證券の田淵もいた。友人の入山映さんが中心的に準備していたが、事前に、「牧さん、付き合ってよ」と言うので、いっしょに参加することになった。

その日、会場の上から笹川良一が「おい、共産党! こっちへ来い」と大声で語りかけてきた。多くの財界人、政治家などがいる席においてである。私は彼に「共産党は辞めましたよ」と語ったが、笹川は「辞めたら辞めたでいいが、一人でも共産党じゃないか」と言う。

そこに、彼のとらわれのなさを見た。左翼の人間にない大胆さ、おもしろさも感じた。でも一方で、自然でないものを感じたのも事実だ。あんな大声で「共産党!」と多くの人の面前で語る彼の不自然さだ。「俺は共産党をも従えているのだ」と見せたかったのだろうか。たいした親爺ではないなと思った。泰然自若とした笹川、左翼を過度に意識している笹川。二面性を見る思いがした。

私は笹川との交流の中で、政治闘争においてありがちな単純な「敵は敵」という考え方は正しくないと思うようになっていった。笹川については、実はもう一つ興味深いエピソードがある。それについては、後で語ることにしよう。

●歯車が回り出す

「アメリカに新幹線を」プロジェクトに話を戻そう。

この企画はさらに進み、「会社をつくってからやろう」という話になった。現地のロスに会社をつくって図面から何から国鉄の事務局の技術者を一ヶ月連れて行った。実際線路があるので、それを活用することになった。

アメリカは素掘りだから工事がいらない。短縮できる。経済効果はすごい！ということになった。

ボイドの宣伝も良かった。民主党も共和党政権も戦略的に考えた。共和党側も「いいよ、やろう」ということになった。アメリカ一のアムストラック鉄道会社（鉄鋼をもっている会社）と貨物会社一社、以上二社が協力してくれることになった。

当時の国鉄総裁は高木文雄だったが、彼がメキシコ出張の際、ニューヨークの田村にその構想を聞いて、これはチャンス！と共鳴した。この構想は、政治的にもすごいということになった。そこから歯車が急速に回り出した。レーガンが日本に来るというので、そのさい彼に国会で「西海岸に日本の新幹線が通る構想がある。断固支持する」と言わせるようにしようということになった。

国内でもこの構想の話を聞いてくれ、関心をもってくれる人も多くなった。

●挫　折

ところが事態が急変した。プロジェクトにかんでいた石芝サービスの親会社である石川島播磨が横やりを入れてきたのだ。「親会社ができないことを子会社がやるとは何だ！」というわけである。そして、石芝サービスから資本と役員を引き揚げて、絞り上げたのである。日本商工会議所に話に行った。共鳴してくれる人もいた。だが、そのうちに、つぶしにかかる銀行がでてきた。私には見えない力が動いていたのかもしれない。

結局このプロジェクトは頓挫してしまった。本当に惜しい仕事だった。

思えば、国鉄という事業体が曲がり角に立つ時代だった。このプロジェクトに加わった国鉄のリーダーたちは、やがて来る分割民営化という破局への前触れをおぼろげながら感じていた。彼らはみな政府が主導しようとしていた分割民営化に反対の人たちだった。そして彼らはこのとき、時代の流れに抗いながら、起死回生のビッグプロジェクトを立ち上げようとしていたのではないか。その野望が「アメリカに新幹線を」というプロジェクトだったし、それがいくつかの偶然も作用しつつ挫折したことに、時代の動かしがたい流れが示されていたのかもしれない。

四　中国との合弁企業

●廈門《アモイ》

「アメリカに新幹線を」という夢を追いかけていたちょうど同じ頃、私は中国という大舞台で、広い意味で運輸にかかわる全く違った性質の事業を展開していた。一九八〇年代はじめころ、ある華僑の男から合弁の話を聞かされた。廈門《アモイ》で、ということだった。私はこの二文字に魅せられた。

ここは阿片戦争が起こった場所ではないか。その後、日本帝国主義の侵略戦争にまで至る近代中国の苦悩の出発ともいうべき地だ。私は戦中派の一人として、日本の侵略戦争への謝罪の気持ちがあった。さらに廈門は中国革命史においては毛沢東の八路軍が蒋介石を台湾に追い出し、最後まで追いつめた地域だ。台湾海峡の入り口でもある。台湾との軍事的対抗関係が影響しているのだろう、道路はいつでも飛行機が離着陸できるようになっている。道路の幅も、飛行機の大きさに合わせた大きな幅になっている。

私が行った八〇年代初め頃の廈門は軍人たちの街だった。八割がた軍人たちが生活している。東西冷戦の最前線の街、同時に勃興しつつある台湾資本主義との窓口にもなろうとしている地域——ここに中国の改革開放政策が及びつつあった。私はここで商売をする決意をした。「華口旅遊公司《かこうりょゆうこんす》」——中国人にとって旅は遊ぶことだ。ここを窓口にして合弁の話を進めた。ここは中国の経済特区になっていた。

中国では、法律や規則が未整備だったから、あぶなく、不安だった。今でこそ、日中貿易関係は盛んだし、合弁についても雛形ができている。しかし当時は日中合弁と言っても、まだ未開の荒野だった。教科書やお手本があるわけではない。私は無手勝流にやるしかなかった。

●信頼関係

合弁企業は五〇人くらいの規模で、日本人は私一人だった。年に五、六回中国に行く。一回一〇日くらい行って、密度の濃い仕事をこなした。思えば、この仕事をしながら、アメリカの新幹線プロジェクトも進めていたわけだから、我ながらエネルギッシュな生活だったと思う。

中国ではかつての日本帝国主義の侵略戦争をくぐっているだけに、日本人は悪い奴だと思っている。だから商売でひと儲けしようとして事業活動をやろうとすると、失敗する。人間的に信頼されないと商売も成り立たない。信頼関係をどう培っていくかに腐心した。

私は、日常会話から日中の交流に気を使った。家に連れてきたりして交流を深めた。日本での交流も大切にし、商売の話だけでなく、実際に日本の現実を見させようとしていた。私の日本の自宅にも泊めたりした。日本から中国に行くと、コートやシャツから何から全部プレゼントして帰ってくる。そういう付き合いで、中国人との信頼関係を培っていった。

●採算がとれるか

日中の事業では色々な文化摩擦があった。

例えば中国側にバスを走らせたいという要求が生まれる。しかしそれだけでは進まない。日本側のやろうとしていることと一致しないと実現しない。肝心なことは、「採算はどうなるか」ということだ。官僚主義的な「社会主義計画経済」に浸りきっている中国人たちに理解しづらいのがこの「採算」性という考え方だ。この意識を少しずつ変えていき、援助しながら、採算の計画を組み立ててやる必要があった。とりわけリースなど何億もの予算がかかる。日本の親会社は当然不安におそわれる。私は、この親会社を説得しなくてはならなかった。説得できるだけの事業計画を立てなくてはならない。だからリースをするときも、採算に合うのか真剣に考えた。

例えば日産がつくった日本最高級の車両を中国に入れたことがある。中国に対して無知で偏見をもった日産の部長は「本当に大丈夫か?」「我々は帰ってこれなくなるんではないか」という不安をもらしていた。何億というバスを貸して果たして大丈夫か、と言うのだ。この部長を中国へ連れて行って説得した。事業は成功し、結果は儲かり、投資は償還することができた。

私は中国人の意識を変えていくと同時に、中国に対して偏見をもっていた親会社の意識を変える働きかけをも行っていかなくてはならなかった。日中合弁とは、私にとって「内と外」との、この二つの場での必死の営みだったわけである。

●接客をめぐって

中国では客を客とも思わないような状況もあった。外貨を稼ぐために外国人相手の商売をする場合、こうした態度は絶対に改めなくてはならない。中国流では通用しない。

日本でも、ちょうど八〇年代の臨調行革路線の嵐の中で、私のかつて属していた国鉄労働者たちの働き方も変りつつあった。労組もお客を大事にするということを真剣に考えなくてはならない、そういうことを迫られる時代に突入していたのである。労働組合は自分たちの要求だけしてればよい、相手の立場を考える必要はないとする発想はもはや通用しない時代に来ていたわけである。日本と中国両方で、期せずして、「社会主義勢力」を自称する左翼勢力が、その労働のあり方を厳しく見直さざるを得ない状況が進行していたのである。私はそのことを感慨深く思っていた。

●誰に権限があるのか

大事なのは、事情を話し合って、お互いの立場を理解することではないか。組織を動かしていくには、人の気持ちを理解することが必要だ。資本の力だけでやっていくところは、初期の日中合弁企業では失敗した。彼らは中国側の気持ちが理解できなかったわけだ。「合弁事業」とは、相手の心をくみとらないとできないものだ。信頼関係は一朝一夕ではできない。積み重ねだ。

中国では下部において実践分野で活動する人たちと、上で権限をもつ連中と二つある。これを整理する必要があり、両者のあいだを調整しなくてはならない。いつも権限がどこにあるのかを検討しなくてはならない。現場で働くものは上から印鑑をもらってこなくてはならない。私は彼らがどこでぶつかるか知っていなくてはならず、そして結局、ハンコをもらうのに、中国共産党を説得しなくてはならないのだ。

現場はすぐ上に相談するが、しかし上もわからない。これが中国共産党が権力を持つ官僚制社会の特徴だった。でも時間が経つと、相手も要領がわかってくる。「この問題については、この機関にかけなくてはならない」と整理しながら言うと、相手も納得するようになる。

●共産党経験と日中合弁

おもしろかったのは、事業を成功させようとすると、芋づる式に人脈が広がっていくことだ。商売のことから政治へ、行政へ、そして共産党のほうに行かざるを得ない。人間関係が「人脈」を通してどんどん広がっていくのだ。私のように人とすぐ友達になれるキャラクターにとっては、もってこいの舞台だったかもしれない。そして、共産党体験が中国共産党員たちと交流し、理解するうえでも大きな経験的基礎となった。

私にとって衝撃的だったのは、私が知り合った中共幹部の口から細井宗一の名前が出てきたときのことである。彼は、細井の実績に一目も二目もおいていた。細井の「子分」である私にとって、これも一つの有力な人脈づくりに繋がったのである。細井の活動の国際性に改めて感心させられたのだった。その後、日本から来た人たちが、私が中国に多くの人脈をもっていることを驚いていたが、私の性格と中国社会の特質とが噛み合った結果だったと思う。

中国は資本主義と違う行政であり、経済システムだ。そういう組織を動かしていく場合、「中国は市場経済を経験したことがない、経済に対する考え方が根本的に違う」ということを理解してあげることだと思う。資本主義を絶対視し、中国社会を見下す姿勢では理解しあえない。このことが分からず、資本の力任せでやっていく日本企業がたくさんあった。○○だけ投資すれば○○だけ儲かるという計算だけして、進出先の人々の気持ちをわかろうとしない。しかしそれらの企業の多くは失敗した。そういうことが時間がたつとわかってくる。

私はかつて日本共産党員だったから、党と大衆団体との関係、党内部の上意下達的体質などをその問題点とともによく理解していた。そのなかで一生懸命生きている人々の想いも含めて。

●噴き出る官僚批判

合弁しているさいごの方の時期に廈門の中共の官僚がでてきて、「俺が社長になる」と言ってきたことがあった。

現場の人々と何の相談もなしに一夜にしてそんなことを決められるわけはない。中国共産党は自分たちで何でもできると錯覚している。私は「誰を社長にするかはみんなで話し合って決めることではないか」と主張した。そして、その中共の官僚に「あなたは何の経験があるというのだ?」と聞き返した。するとその男は「軍隊の経験だ」と答えた。鉄砲を撃っていただけなのだ。そういう人物がバス事業に向くのか?と話すと、現場の人たちは理解してくれた。

驚いたのは、それまで権力で抑えられていた中国人たちが、この官僚の言動に対して怒って、公然と批判を展開したことだった。現場のみんなで合意の上に経営していたのに、上から一方的に決めるとは何たることか、という批判だった。私は感動した。

●中国人の変化

合弁は五年間続けた。バス会社やホテル経営など、我々が提案して、中国人たちは我々のノウハウを貪欲に吸収し、成果をあげていった。そのなかであとは利益配分だけというところまできた。機械は、例えば自動車などは世界共通だ。何も難しいことはない。むしろ中国人の彼らのほうが修理などして、捨てないで大事に使う。

もともとこの合弁企業で日本人は私一人。あとはみんな中国人である以上、どこかで区切りをつけようと思っていた。ある程度、儲けが積み重なったころ、私は言った。

「ここまできたら、あとはみんなでやりなさい。私は儲けるために来たのではないから」

みんなびっくりしてしまった。その後は神様扱いになった。

廈門の近くには、台湾があるので台湾資本がどんどん入ってくるようになった。そしてそのうち、最初は眼もくれなかった大手企業が中国に眼をつけ、我々中小企業の地道な努力の下地を横取りしていくようなことがあった。その後、中国人たちもずるがしこく、長年の付き合い・信頼よりも大手を優先するようにもなった。私はそんな様子を見て、一時人間不信になったこともある。

●友達になれない日本人

私はこの頃、ユニオン交通とは別に、日中技術貿易センターというコンサルタント組織をつくり、その会社の社長になった。この時期、私は五つくらいの会社をつくって馬車馬のように働いていた。この日中技貿センターで、日本人が中国に行って仕事をしていくノウハウを伝授、指導した。研修をやったり、研修で日本に行かせたり、日中の仲立ちになるような仕事をしたいと思った。日中友好を能書きだけ語っていくのではなしに、地に足の着いた日中友好活動を具体的に実践しようと思った。

これには大手も寄ってきた。パンダ便など日中の宅急便のようなものをつくった。ミサワホームや新日鉄が相談に来た。彼らは自分ではできない。新たな荒野を開拓することはできないのだ。だから私にアドバイスを受けに来る。いくつかの大手企業も、私の指導を受けて海外に出て行った。中小企業もいくつも相談に来た。

しかし日本人は相談に来て、その用事が終わるとパタンと何の連絡もよこさなくなる。これには、私もけしからんことだと思ったものだ。だから中国人たちに馬鹿にされるのだ。そして結局、彼らと友達になることができないし、人と人との長い信頼関係を培うことができないのではないか。

●廈門の変貌

日本との合弁も進み、中国の改革開放政策は少しずつ進行していった。しかしそれは中国社会の影の部分を生み出すことにもなった。広大な内陸部と発展する沿岸部との格差は大きく広がりつつあった。内陸部の遅れと貧困は、その地を訪れた私を驚かせた。

またこの時期、外国資本の進出による中国社会の変貌が顕著に現われていた。台湾資本が入ってきて、一万〜二万坪の巨大な土地にバタバタと工場を建設していく。それによって大切な畑が壊されていく。

廈門は沿岸の都市で、大量の野菜が必要となる地域だ。だから野菜をつくる農業が大事な役割を担う。かつての廈門では、暗いうちから野菜を積んだリヤカーや車がズラッと並んでいるというような懐かしい風景があった。しかしそんな光景はもはやなくなってしまった。毛沢東が建国した中華人民共和国では、「飯食ったか?」が人と人とのあいさつだ。「ニーハオ」はあるが、「おはよう」はない。毛沢東は自給自足の考えを根本的な思想にしていた。小麦は絶対輸入してはならんと言っていた。

廈門の変貌を見ながら、こんなことをしていたら、毛沢東が泣くだろうと思った。中国には開発を規制するルールがないから、農業破壊が他国よりいっそう進むのだ。日本で同じ事をやったら、大変なことになるだろうと、このとき実感したのだった。中国を見て、そのなかに日本を見た。その後、私が農業をやろうとする原体験の一つは、この中国体験だったかもしれない。

●希少金属《レアメタル》

私は他にも中国を舞台にした事業を構想していた。

私は中国に行くたびに、新しい自然素材、植物をみつけていた。中国には希少金属がたくさんある。それを中国から輸入しようとしたのである。これも日本の国益になると思った。中国の技術水準では無理であって、日本の技術をもってすれば、たくさん採れるだろうと思った。京都にオムロン本社があり、そこと交渉して、ビジネスに具体化しようとした。ところがその後、オムロン本社から「実は社長の決裁でませんでした」という知らせがきた。新しいビジネスの実現への期待をもっていただけに、ガックリした。その落胆がきっかけになったのだろうか、それまでの過労の積み重ねで、倒れてしまった。一九八六年頃のことだ。

五　国鉄のエリート官僚たち——国鉄を去った友人たち

私はユニオン交通の事業を展開することをとおして、左右立場を問わず、多くの人と交流するようになっていた。「右翼のドン」笹川良一との交流もその一つだが、国鉄のエリート官僚との交流にも思い出深いものがある。東京に来て、事業を展開したことで、新たな人と人との関係が生まれていった。

●官僚と労組の関係——三つのタイプ

私の事業展開の中では、国鉄当局サイドの何人かの友人たちに協力してもらった。

当局サイドの人間の労働組合観には大きく言って、三つくらいあるようだ。

一つは、はなから組合を受け付けない拒絶するタイプ。

二つ目に、労働組合を経営側にとりこもうとするタイプ。

三つ目は、お互い対等平等に人間的に付き合おうとするタイプ。

もちろんこの三つをこんなに簡単に分けられるわけではないし、また一人の人間にこの三つの面が潜んでいるということもある。ただ、私が接した田村剛さんや入山映さんは、私と世界観、政治的立場が異なるにもかかわらず、労働組合側の人間であっても「人間的に対等平等に付き合おうとする」性格を強くもった友人たちだった。

●田村剛さんのこと

田村剛さんは、「アメリカに新幹線を」の中心人物の一人で、この事業の中で私と行動を共にした仲だった。彼はとても人柄のいい人で、同時にとても頭の切れる男だった。彼を尊敬してやまない入山さんに言わせると、「説得力、分析力、管理力、交渉力など、およそマネージャーとしての資質をすべてもっている」人間だった。そして何より人間的魅力に富んだ人だった。あとでふれる彼の先輩の山口さんは、彼のことを、「おもちゃ箱をひっくり返したような男だ」と評したことがある。

彼は、官僚には珍しく、世間の常識が通じる人で、労働組合とも対話できる良識をもった人物だった。私は、田村さんは人間を大事にする人だったという印象を抱いている。組合役員が激高して、駅長につばを吐きかけるようなことがあった（嗚呼、悲しき労働者の直情！）。そんなことがあると、田村さんは真っ先に怒る。そういうことを許せないと思うような人だった。

昼間には本社にほとんどいなかった。おそらく、いろんな人と会って相談していたのだろう。夜になると銀座で飲んでいた。それでいて、必要なときは本社にしっかりと居る――そんな人だった。

ある時期まで、当局が誰も真剣に相手にしようとしなかった動労に対して、田村さんは正面から向き合い人間として対等につきあった。そのことによって、動労・松崎明とも人間的信頼関係をもっていたようだ。

彼の奥さんは、彼の母が教鞭をとりながら、「この人なら……」と選んだ女性だった。ところが、その女性がエホバの証人の信者だった。そのことを、後年田村さんの母親が悔やんでいたのを覚えている。

田村さんは、「アメリカに新幹線を」プロジェクトの後、エホバの証人のメンバーであることを公にし、マスコミ沙汰にもなってしまった。そうした事情もあって彼は国鉄を辞めた。もっともまだその頃は、田村さんは熱烈な信者だったようには見えなかったのだが。

私は、田村さんが国鉄を辞めることを惜しみつつも、国鉄経営陣の中枢近くにまでいた彼がその地位を潔く投げ出して、自分の信ずる道に進んだ生き様には感心させられた。こういうことはなかなかできるものではない、と。

今は日本のエホバの証人組織の大幹部のようである。会って話をすると、聖書の何ページに何が書いてあるか、見事に諳んじてみせるあたりはさすがだ。私はマルクス主義の影響を受けて、「宗教は阿片だ」と思っている。そのことは田村さんにも話したことがある。彼の表情を見ていると、実に幸せそうだ。しかし、やはり彼の能力を知るものにとっては、返すがえすも惜しいと思わずにいられない。

それにしても、なぜ田村さんは新興宗教にはまってしまったのだろうか。入山さんによれば、田村さんはあまりに才能に溢れているゆえに、彼のことを理解する人間が国鉄官僚内部にほとんどおらず、孤独だったのではないかと言うのだ。だから「絶対者」＝神を求めたのではないか、と。なるほどと思う。

●入山映さんのこと

入山映さんは国鉄きっての秀才、エリートだった。国鉄第二代総裁加賀山之雄氏に見込まれ、娘さんと結婚している。外国語もぺらぺらで、趣味も合唱をはじめ多彩だ。彼とどんなきっかけで知り合ったか、憶えていない。おそらく田村剛さんからの紹介だったと思う。

彼は二枚目の、舞台映えのする男だった。クラシック音楽を好むだけあって、声もいい。大衆的な団交の場では、民同左派や革同の活動家たちと果敢に対峙する経営サイドの闘士でもあった。国鉄官僚の中には、いつまでたっても東大出身の経歴だけしか自慢するもののない俗物官僚も少なくなかったように思うが、そういう連中にとって入山さんは、その能力とスター性が、さぞ嫉妬の対象になったのではないかと想像する。そして、視野の狭いエリート官僚世界のなかの男の嫉妬ほど、始末におえないものはないのだ。

入山さんはよくこんなことを語っていた。「男って奴は不思議なものだ。自分に好意をもっているか、嫌いか、そいつの眼を見れば一発でわかる」と。そしてニッコリ笑って付け加える。

「女性の眼を見て、そんなことがすぐわかったら、さぞいいことだろう」

入山さんの眼は、よく見える眼なのだろう。そして私と友達になってしまう無邪気な眼でもあった。

そんな彼が、ある時、事故に巻き込まれた。銀座のホステスさんと飲んで、帰りに彼女を車で送っていく最中に、事故を起こした。それが根も葉もないスキャンダルとして一人歩きし、マスコミ沙汰になる。ただ、銀座のホステスさんとたまたま一緒に車に乗っていたことが、興味本位のマスコミの攻撃材料となった。エリート街道を一直線に歩んでいた彼は、これを機会に国鉄を追われることになる。

国鉄は入山さんを守らなかった。本当はこういう時こそ、当事者を守ってやるのが組織というものではないのか。利用したいときだけ利用するのが組織なのか？　かつての私自身の、無免許運転で警察にパクられた、つらい体験が思い出された。暗い留置場の孤独が、心の中をよぎった。私は国鉄という組織を、「これは共産党の官僚主義と同じではないか」と強い憤りを感じたのである。入山さんは自分に自信があったに違いない、組織から追われても、激しく動揺するようなことはなく、平常心を保っていた。しかし見かねた私は、才能溢れる入山さんを笹川事務所の幹部だった大森氏に「ぜひ入山さんの力を生かすように」強く求めた。そんなことが少しは作用したのかは知らない。その後入山さんは、笹川事務所に入ることになった。そして笹川を口説いて、社会貢献のための「笹川財団」の創設に尽力し、その後、その最高幹部として財団発展の立役者になっていくことになる。

国鉄に残っていれば、必ずや国鉄総裁にまでなっていたような器の人物だと私は思っている。しかし今にして思えば、そこ止まりだったとも言えよう。彼が国鉄を辞めざるをえなかったことがむしろ新たな転機をもたらしたとも言いうる。入山という人物を評価して抜擢した笹川も偉かったと思う。笹川というと、右翼の首領（ドン）というイメージがあるが、それは一面的だ。彼ほど国際交流に力を入れた人物が日本にいただろうか。そして、その国際交流を推進していく上で、格好の人物が現れたわけである。笹川財団という場で、入山さんはその才能にふさわしく、枠にとらわれずに国際舞台で活躍していくことになったのである。

入山さんは笹川財団で新しい国際交流の領域を開拓していった。日本はアメリカと異なり、民間機関が市民活動に資金を提供する文化が十分に育っていない。入山さんは何でも「お上頼み」の日本社会を変えるべく、民間の「財団」の新たな可能性を追求していったわけだ。入山さんが笹川を信頼するのも、そうした「お上頼み」を断ち切り、独立精神をもっている生き方への信頼のように見える。二、三年前だったろうか。入山さんが果たしたこれまでの国際貢献に対して、北欧のある国から勲章が授与されることがあった。そのイベントに、入山さんが「牧ちゃん、来なよ」と誘ってくれて、妻ともども参加した。彼の心配りが嬉しかった。楽しい思い出だ。

●山口さん

入山さんが、田村剛とともに尊敬してやまない国鉄官僚がいる。山口さんという人だ。入山さんは名前で「シゲさん」と呼んでいた。彼は北九州時代の徳さんにも印象的な人物のようだった。

マル生反対闘争の頃だったろうか。山口さんは門司の九州総局長をしていた。ある日、真昼間から、ウィスキー片手に、碁盤に向かって一人で碁を打っているではないか。それを見た徳さんが「昼間っから酒飲んどる！」と言うと、山口さんは動揺することなく「部下職員は飲んじゃいかん。俺は役員だ」と言い切るのだった。そういうことを、堂々と言い切るのが山口さんだった。徳さんは、この人物を、面白いところのある人だと思ったと言う。

野方のストの時のことだ。小柄の駅の分会長が、嫌がらせをする国鉄営業部長に「蹴倒すぞ！」と気迫をこめて語ったとき、その彼のコミカルなポーズを見ながら、山口さんは当局サイドの人なのに、楽しそうにケタケタ笑って見ていたようだ。そんなところにも、彼の人柄が見て取れた。

入山さんによると、山口さんは実に奇妙な人だったというのだ。山口さんは「悪い女に手切れ金を要求されている」ことについての相談話から、「三木内閣の次の秘書官を誰にするか」という話まで、実に幅広く対応できた。そうした、実に世知に長けた人だったというのだ。複雑な現実を、一言で言い切る才もあったという。入山さんは田村さんと共に、国鉄官僚のなかで山口さんを最も尊敬していた。

思えば、当局側にも面白い人たちがいた時代があったのである。組合側も当局側も、激しく対立しあいながらも、なかにはお互いに人間的に共感し合うようなこともあった。「細井学校」もそうしたエピソードのひとつだったかもしれない。労使の立場を越えた、人間と人間との共感関係が、国鉄のなかに部分的にせよ存在した時代だったのだろうと思う。「敵」にさえ、時に敬意や好意をもつことがあったのである。そういう国鉄文化を、完全に否定し叩き潰したのが分割民営化だったのである。そのことによって、世の中があまりに単純化し、画一化してしまったのを感じずにはいられない。

●エリートと人間性

入山と言い、田村と言い、国鉄の最良のエリートたちは、その人のよさゆえに、スキャンダルに巻き込まれ、国鉄の頂点での出世街道から離れていった。田村さんにせよ、入山さんにせよ、権力への道を歩んでいた人たちだったのだろうが、彼らには通常の立身出世志向、権力志向の人にはない、豊かな人間味があるような気がしたのである。エリート街道を歩くだけに満足できない、人間的な感性をもっているように思えた。エリート街道とそのなかの人間関係だけでは、己のアイデンティティを満たすことのできない心の豊かさをもっていた人だと思う。だからこそ、私は彼らと思想や立場を越えて今に至るも付き合っていけるのではなかろうか。今時の、新自由主義時代の官僚、エリートどもとは、その点で大きく異なっているように思える。時代の変化は、エリートをも変質させたのではないか。国鉄エリートとして残ったのは、個性も魅力もない連中ばかりだ。そういう連中が国鉄分割民営化を先頭に立って推進して行ったのだ。八〇年代以降の日本の姿を象徴しているように思える。

●一枚岩ではなかった当局

国鉄当局はけっして一枚岩ではない。様々な考え方、勢力が割拠して、お互いに指導権争いを展開していたように思う。そして、この当局サイドの指導権争いの中に、国労運動が時に利用され、逆に国労運動の側もまたその事情を意識的に利用しようとしたのではないか。

そうしたことが国鉄労使関係を複雑にしていった。葛西はこうした力学を最も巧みに使った男である。自分の机の上に日の丸の旗を備えつけ、右翼思想に親近感を抱き、カラオケでは軍歌を好む葛西。彼は組合を使って己の権力を強化していくことに長けていた男だった。その彼が、国家権力をバックにして民営化を推進し、労働組合潰しの急先鋒になるのである。彼の著書『国鉄改革の真実』に書かれていないもう一つの真実である。彼は国鉄の「労使癒着」を批判する。しかし、そうした「癒着」を最も利用した官僚によって、民営化、労働組合潰し路線が貫徹されていったことは記憶されていいことだと思う。

●国民経済の縮図と公共交通

私は東京に来て、国鉄官僚と交流する中で、彼らを馬鹿にしてはならない、と考えるようになった。

確かに、ただえばりくさっている者もいる。我々の労働運動、職場闘争はそういう連中との闘いの歴史だった。特に、労働組合に敵意を燃やす役人層が生まれていたのは事実だろう。

しかしそういう連中だけが官僚だと思うと大間違いだ。公共交通に責任をもつ視野の広いエリート官僚もいるのである。国鉄官僚の出世コースには、全体的なローテーションがある。様々な部署、地域を経験し、トータルな国鉄産業への知識を深めていく。国鉄はバランスのとれた国民経済の縮図のようなものだ。製造業からサービス業まであらゆる産業をその内部に包含している。国鉄そのものがそうした壮大な有機体だったわけである。分割民営化はそれをズタズタにしてしまうわけで、官僚たちが本能的に反対したのは、そうした有機体としての国鉄の重要性を彼らなりに認識していたのだろう。しかも「公共交通」は市場や儲けの論理に解消されない独自性をもっている。そのことを国鉄の指導者たちもある程度は認識していたと思う。

●公共交通と官僚

その上に、強大な国労との緊張関係、さらに政治や議会の動き、国民世論、政権党たる自民党の動向、対抗勢力である社会党など様々なファクターを視野に入れて経営を考えていく必要がある。そうした広大で複雑な事業を官僚機構総体で成し遂げなくてはならないわけである。それは、おそらく民間企業の経営者よりはるかに複雑な判断力を求められる仕事ではあるまいか。そのなかから、今のＪＲにはおそらく見出しがたい優れたエリート層が生まれていたように思える。

田村さんや入山さんはそうしたエリート官僚のなかの一人だったように思う。葛西は、「国鉄のぬるま湯的体質」などと盛んに語っていた。国鉄という公共企業体もまた、自民党の利益政治との癒着の体質を強く引きずっていた。官僚の天下りなどもそうだ。このことは厳しく批判されなくてはならない。また官僚主義は確かに現状維持的、保守的側面をもつことは確かだろう。しかし、だからと言って、それだけに問題を解消すると大間違いだ。公共交通を担う国鉄の官僚たちのもっていた力量を矮小化してはならない。国鉄のもっていた遺産を全否定し、民間企業の論理に純化してしまうことは文明史的に見て大きな問題をもたらすのではなかろうか。

六　家族のその後、倒れた後の薬局経営

●ユニオン社員・細井宗一

細井は国労中央執行委員を辞めた後、ユニオン交通の社員として働くことになった。会社には、私の社長机と同じ社長机をもう一つ置いた。身近なところで細井の私生活を見ることになった。この選択は私にとって良かったのか悪かったのか――。

最初の頃は細井も、何でもやって商売に結びつけようとしていたと思う。細井には特に中国との合弁で活躍してもらおうと思っていた。

あるとき、中国全土にリコーのコピー機をばら撒こう、これをやれば「たくさん売れる！」と考え、リースをやったらどうなるかという計算をしてもらった。細井の計算はまるで桁違いだった。「計算」になっていなかったのである。

それを指摘すると細井は「こんなことはできない」と開き直った。

私はきつく言った。

「だんな、ダメだよ。そんなことでは商売はやれないよ」

それ以後数日間、細井は会社に来なくなってしまった。

あるとき、私は細井に言ったことがある。

「何にもしないでゴルフばかりして、（日頃）言っていることとやっていることとが違うんではな

いですか」

当時の彼は組合や当局の金を使ってゴルフ三昧だった。尊敬する細井だったが、どうしても我慢できなかったからだ。

すると細井は「今まで自分は一生懸命やってきたのだからこのくらいは当然だ」というような居直りをしたのだった。当時の細井宗一はうぬぼれていたのではないか。それとも、何か人生の目標のようなものが見えなくなったのか。細井と私の最初にして最後の衝突だった。

そうした衝突の直後、突然、会社から細井の姿が消えた。以来、細井は会社に来なくなったのである。

私は失望した。細井の統一戦線論を、私はその後あまり言わなくなってしまったのである。

その後、細井は千葉のゴルフ場でゴルフをやっている時に倒れた。

●兄、母の死

私は家族を省みることなく走り続けていた。社長になっても、私が家に入れる金は二〇万円で変わることはなかった。私が事業にのめりこんでいる時に、家族を支えていたのは妻だった。兄についてもそうである。

もし本屋が倒産することなく、札幌で私たちが生活していたら、おそらく兄を引き取っていただろう。しかし私が東京で事業をするようになって、兄と会う機会が少なくなってしまった。東京に行ってからも、妻は札幌に戻るたびに、病院に見舞いに行ってくれた。兄は一九八四年、五五歳で亡くなった。兄に何もしてあげられなかったことが、悔やまれてならない。

父は三二年前に亡くなっている。母はその後もずっと北海道で暮らしていたが、晩年のある期間は、妻のお母さんが埼玉で随分面倒を見てくれた。寝るときもいっしょに添い寝してくれることもあった。母は一九九五年、八二歳で亡くなった。私の生き方、理想を生涯信じつづけてくれた母の死だった。

●倒れる——妻の機転

私は家にほとんどいない生活を送っていた。あまりに私が帰らなかったものだから、妻は近所の人に「おめかけさん」だと思われていたこともあったようだ。

妻の眼から見ると、私は出会った頃と比べて人が変ってしまっていたようだった。出会った頃の「あの澄んだ眼をした文夫は、どこに行ってしまったのか」そんなことを思うこともあったという。妻はそんな生活の中でも、家庭を支えてくれていたのだが、やはりある時、「もう帰らない人と結婚していても意味がない」と思うようになったようで、北海道に帰ることを真剣に考え始めていた。妻には生活力があったし、自信もあった。ある時、彼女は決心して札幌に帰ってしまった。

ちょうどそのとき私が倒れた。運命のいたずらだろうか。脳梗塞の発作だった。四二歳から五二歳にかけてわき目も振らず突き進んできた。その無理、過労がたたったのだろう。その知らせを聞いた彼女はすぐにとんぼ返りした。一九八六年頃のことだった。

妻は、水戸さんと話し合って、真っ先に私が毎晩ツケで飲み歩いていた借金の整理から始めた。

友人たちの飲み代までツケで被ってしまう私の「太っ腹」の性格は、札幌の頃と全く変っていなかった。昔、ホステスのアルバイトをしていた彼女は、そういう飲み屋の借金を踏み倒してしまうと、そうした噂が街で一人歩きするのをよく知っていた。だからまず何よりこの借金の整理から始めたのだ。このあたりの彼女の判断は機敏で的確だったと思う。

二人が日常的に顔を合わせることのできる夫婦生活は、このときから始まったのかもしれない。

●かけつけてくれた徳沢、人見

病気で倒れ生死の境を彷徨った直後、真っ先に見舞いに来てくれたのは、徳さんと人見君だった。私はどれだけ励まされ、嬉しかったか知れない。妻も同じ思いだったようだ。私は事業を行っており、ふだん多くの人々と交流していたのだが、利害を越えた深い友人は革同の仲間たちだと心底思ったものだ。

徳さんは、動き回れないものの、口だけ活発にいろいろしゃべる私を冷やかして「足でなく、あごを患ったほうがよかったのではないか?」と言い、妻など大受けだった。みんなで笑った。

●薬局経営

私が病に倒れたことから、それまでの馬車馬のような事業展開は不可能になった。しかし、私が倒れたからといって、会社を維持していかなければならない。家族の生活も立てていかなくてはならない。

そこで浮かび上がってきたのが東京駅構内での薬局経営という構想だった。今でこそ、駅の構内に薬局があるのは珍しくないが、八〇年代の半ばではとても新しいことだった。このアイデアを発案してくれたのが、友人の仁杉守《ひとすぎ》さんだ。彼は大塚製薬で働き、有名な「ポカリスエット」を企画し、成功させるのに大きな役割を果たした人物である。人々の健康への関心を、商品開発販売に結び付けていったわけで、今日の健康志向社会の先駆けともいうべき仕事をした人物だ。時代の流れを読むことのできる、たいしたアイデアマンだった。彼は型破れな、経済畑におさまらないおもしろい人物で、現在に至る私の親しい友人である。

駅構内に薬局を、というアイデアが実現に向かって進みつつある頃、駅前の薬局から抗議が出て困った。しかしこれについても、役場の保健所の職員が調整してくれた。

「駅に薬局」という企画は話題になって、テレビや週刊誌にも取り上げられた。しかし、薬局が成功するにつけ、そのことは逆の反応も生み出した。そうしたささやかな成功をやっかむ国鉄関係者もいたようだ。ある夜など、国鉄の助役が薬局の看板を嫌がらせで蹴っ飛ばしたこともあったという。

それだけではない。かつての国労の仲間たちの中にも、東京駅の構内で華やかに薬局を開店するなど、「牧は当局とつるんでいい思いをしているんではないか」と疑うものもいたらしい。民同の連中がそういう噂を意図的に流していた。しかし実際の薬局経営は、その話題性と裏腹に年中無休の大変な仕事だった。私が病気のなか、この大変な仕事を背負ってくれたのは妻だった。妻はこの薬局の実質的な店長として、三六五日休みなく働いていたのだった。

●妻と国労の友人たち

妻は私の国労時代からの親友たちと仲良くしていた。また友人たちも彼女を大事にしてくれた。始めの頃は「牧がどんな人と結婚したのか、見てみたい」という好奇心が先だったようだが、そのうちに徳さんや人見君などとはだんだん親しくなっていったようだ。人見君などに至っては、居心地が良かったのか、私がいない我が家に五日間くらい寝泊りしたこともあった。その間に実家からタケノコを送らせ、タケノコ料理を美子に教えてくれたりもした。

国労会館と薬局とは近かった。国労会館の地下にはたまり場の喫茶店があった。妻は会館の近くで徳さんたちと会うと、よく「お茶でも飲もう」ということになったようだ。私が倒れて入院して以後の話である。

細井宗一だけは見舞いに来なかった。私との間で対立が起こったことが作用していたのだろう。妻はそのことに怒っていた。直情な彼女は、国労の仲間たちに会うたびに細井の批判をしていたようだった。

「牧野は細井を尊敬して慕ってきた。息子の名前にまで〈宗一〉からつけた。それなのに、多少の人間関係があったとはいえ、病気で倒れた人間の見舞いもできないようでは、あまりに大人気ない」

徳さん、人見君はじめみんな「奥さんの怒るのはむりもない」と言っていたようだ。細井はとうとう見舞いには来てくれなかった。以来、彼が死ぬまで、会うことはなかった。

第七章　国鉄分割民営化

一　分割民営化への国労の抵抗

●分割民営化への道のり

私が倒れた時期は、まさに国鉄分割民営化をめぐる激しい攻防が繰り広げられている最中であった。この時期、私の友人たちが粉骨砕身の日々を送ることになる。こうした国労運動の最も困難な時期に、徳さんは革同会議・幹事長の激務をつとめていたのである。

この章では、革同の友人たちの闘いの軌跡――そのいくつかの断片――を記録しておく。さらに国労運動の「外」にいた私のささやかな抵抗について、友人たちの闘いとの合流の経過も含めて書いておきたい。

国労への攻撃は、一九八二（昭和五二）年七月三〇日の臨調基本答申、国鉄「分割・民営化」答申とその閣議決定（九月二四日）以降、いよいよ本格化していった。とくに中央段階では、八二年一一月のダイヤ改正問題、現場協議協約改訂問題などで、それまでの労使関係を決定的に転換し、動労・鉄労や全施労と〈先行妥結〉し、その結果を国労に押しつけようとする当局の労使関係政策の抜本的転換が行われ、国鉄労働組合に真っ向から対決する方針がとられた。それはやがて、鉄労、動労などとの「労使共同宣言」の締結にいたる労使関係政策であり、国労にも「雇用安定協約」と引き換えに、「労使共同宣言」の締結を迫る政策・路線への転換でもあった。こうした既存の労使関係の転換、労使関係における差別取り扱いが、中央だけでなく地方・職場レベルでも進展していった。

他方、労使関係政策の抜本的転換と並んで、絶対に見過ごすことのできない事態は、職場規律の確立の名による国労および国労組合員攻撃の激化、本格化であった。それは結局、現場協議協約の破棄にいたるのであるが、洗身(入浴)慣行の否定をはじめ、あらゆる問題にわたっていた。マスコミが大動員された。(『国鉄労働組合五〇年史』)

●労働組合の規律保持機能

八〇年代は、国労への労働規律に関する激しいバッシングが、マスコミを動員して行われた時代だった。そうした大量の批判の中には、労働組合が耳を傾けなくてはならないものも含まれているかもしれない。

しかし多くのバッシングは、極めて一面的なものに思えてならなかった。

私のささやかな経験で少し言及してみたい。私が言いたいのは「労働組合がしっかりしているところは、労働規律もしっかりしている」ということだ。当局の力だけでは、労働規律をつくっていくことはできない。労働組合がなければ労働編成は立ち行かないということだ。

当局だけでやろうとするとどうなるか。処分で脅して労働者を使おうとする。クビの脅しをかけるわけだ。当局は結局能力がないので、職制を増やすしかない。そして最後は処分するしかない。人は強制と脅しだけで働くか？　処分をちらつかせて働かせることで、本当に現場の労働を組織できるか？　そんなことをしても、一時は効くが長い眼で見ると効果はない。私が国労で職場闘争を展開している頃は、闘いによって一人たりとも首切りは許さなかった。逆に言えば、組合として労働規律を保持したからこそ、首にはできなかったのである。当局は八割がた労働者の「管理」を組合に任せていたのが実情ではないか。

労働組合がなければ労働編成は立ち行かない。労働組合が間に一枚噛むことによって、労働規律保持機能を果たしていたのである。

例えば三六《さぶろく》協定の問題がある。労働基準法第三六条により時間外労働（残業、休日出勤）を制限している協定だ。これがあるので無茶苦茶働かせることはできない。そのとき、組合がしっかりしていれば、時間内で仕事を終わらせるようにしたり、超勤になる場合は別途組合と協議することもできる。こうしたことは、当局にとっても力になっていたのである。

戦後の国労運動は、激しい闘いと同時に、一方で労働者の規律保持機能を果たしていたのである。その上に、国鉄経営は成り立っていた面を見過ごすべきではない。以上は、六〇年代まで全力で労働組合運動を実践してきた者の実感である。

今の時代は、保線だけでも会社が三つも四つもかんでいる。職制は労働者を脅して使っているだけだ。労働組合と経営との関係が機能していたときに存在していた、ブレーキの役割が効かなくなってきている。労働者は、昔はすぐ辞めなかったが、今の労働者は過酷な現場ですぐやめてしまう。それだけ魅力のない職場になってしまっている。仕事の内容もだ。

●「火をつけること」と「からだを張って止めること」

国労がかちとった「職場交渉権」は、日本の労働運動史上、画期的な到達点だったが、八〇年代はその職場交渉のあり方が批判にさらされることになる。

職場闘争と言っても、難しい問題はある。九州の門司駅分会には九〇〇人の組合員がいるのだが、現場協議を、何と四〇〇~五〇〇人規模で、市の公会堂を使ってやっていたことがある。マル生闘争後の職場闘争の高揚期の話だ。こうした運動自体は、労働者の素晴らしいエネルギーだ。しかし同時に、これでは現場協議を実効あるものとすることはできないことも事実である。徳さんは「こんなのお芝居やないか」と言って止めたことがあった。「みんなの運動を作る」エネルギーは、ある段階で行き過ぎをも生み出す危うさがある。そして、当局が国労を攻撃するときは、こうした行き過ぎを槍玉に挙げて攻撃をかけてくる。

職場闘争に「火をつけること」と、同時に行き過ぎには「からだを張って止めること」――運動家はこの両方をもっていなくてはならない。これは、とても難しいことだ。

●四団体共闘——人見、徳沢の奮闘

一九八二年二月、総評、新産別と国鉄関係四労組（国労、動労、全動労、全施労）による国鉄改革共闘委員会が成立する。国鉄分割民営化に対抗するための画期的な共闘組織だった。この共闘には人見君が、彼もちまえの人的ネットワークを駆使して骨をおったのだった。人見君は、この共闘の影の立役者だと言ってよかろう。

徳さんも、それ以前から、全施労の面倒を一生懸命みていた。国労の団体交渉が終わってから施設労働者の交渉が始まる。そのときに、もう果実はみんな国労にとられてしまうということがあった。徳さんは、国労の交渉中に、大事なところを残しておいて、全施労にその果実を譲るということもしていたようである。組合活動家たるもの、誰しも「自分の手柄にしたい」という気持ちはあるものだ。しかし「自分たちが全部とってしまい、後はお前らやれ」と言うようでは共同行動は成り立つまい。徳さんはそういう気持ちを押し殺し、相手の立場を考慮し、共同行動を粘り強く追求していったのである。そうした努力が、全施労との共闘実現の土台となった。

●労働組合間共闘の難しさ

しかし国労の施設関係の組合員のなかには「あの裏切り者らといっしょにやれるか！」という者もいた。そうした態度が全施労に与えた影響は少なくなかったようである。彼らは「国労本部は親切なのに、現場は違う」と語ったりもしていた。こういうところに共同行動の難しさがある。裏切り者呼ばわりしていた人たちが、その後、国労から脱退していくのは歴史の皮肉だろうか。

ここで思い出すのは、徳さんから聞いたこんな話だ。マル生闘争後の運動高揚の時期のことだ。国労の職場でも、共用の湯飲み茶碗を国労脱退者が使ったのを見た血気盛んな組合員が、「裏切り者が飲んだ湯飲みで俺らは飲めん！」と地面に叩きつけて割ってしまったこともあった。こういう時の活動家は相手のことを考える余裕を失っている。

労働者の戦闘精神に火がつくと、時にこうした重大な行き過ぎの傾向が見られるようになる。「労働者」とはそういうものだ。しかし、こうした行き過ぎが、当局の攻撃と相まって、運動の分裂を進めてしまうこともある。分割民営化攻勢の時期、当局はこうした労働者の内部の矛盾をフルに活用したのである。だからこそ、こうした行き過ぎを、からだを張って止めるのがリーダーの仕事になってくる。労働者のエネルギーのもつこの両義性――ここに、労働組合運動の難しさがある。

●四団体共闘の崩壊

四団体共闘はわずか数ヶ月で崩壊してしまう。この共闘が育っていれば、国鉄分割民営化の国策遂行に大きな壁となったであろう。そのことはおそらく当局側が一番恐れていたことに違いない。私は残念でならなかった。

なぜ、かくも短期間に四団体共闘は崩壊したのか。色んな要因があろうけれど、一つの大きな要因は動労の分割民営化容認への方針転換にあったことは間違いなかろう。なぜ動労はこのような方針転換をしたのか、さらには、そのとき国労の側の分裂回避努力はどのようなものであったのか、歴史の検証が必要だと思う。

●笹川良一のもう一つの側面

笹川良一について、分割民営化反対闘争に絡んで、もうひとつのエピソードが残っている。

分割民営化反対闘争を果敢に展開している徳さんたちに、私は、何とかいっそうの戦線拡大になるような支援をしたいと思っていた。そんな気持ちから、あるとき思い切って笹川良一を紹介したことがある。徳さんの、固定観念にとらわれることのない統一戦線行動は、「右」の笹川にまで及んだ。私と徳さん、お互いの統一戦線への思いが、ここに合流した。

徳さんが分割民営化反対の国労の主張を競艇の新聞に掲載したいと、船舶振興会に要請に行ったときのことだ。民同の武藤久も一緒だった。笹川は、分割民営化反対の記事掲載を快諾し、何回かに分けて掲載させてくれたのである。驚いたのは、笹川が、そのあと徳さんに「あなたは共産党員ですか」と問い、さらに続けて「私は宮本顕治先生を尊敬している。今、宮本さんはご病気のようですが、この一〇日間ほど、ご快癒を祈願しているところです」と言ったことだ。それから社員食堂で一緒に飯を食い、帰りのエレベーターまで丁寧に送ってくれたと言うのだ。いったい本気なのか、芝居なのか……。とにかく笹川には、こういう保守としては型破れな、面白い一面があるのだった。

●各個撃破された官僚たち

分割民営化論に対しては、国労だけではなく国鉄内部でも、反対が多かった。始めの頃は分割民営化推進論は少数派だったのである。

一九八五年頃、国鉄本社内は、「民営一本化」を主張する勢力と、あくまでも「分割・民営化」の実現を主張する勢力に分裂してすさまじい内部闘争が繰り広げられていた。「守旧派」官僚たちは、自民党の三塚に一人ずつ呼ばれて、人事で脅されたと言う。例えば料亭に呼ばれる。奥には三塚が控えている。「三塚先生の前で分割民営化賛成か反対か言いなさい」と追いつめられ、賛成だと言わされる。こういう積み重ねで、反対派だった連中も二、三年のうちにみんな変ってしまったとも言われる。

一九八五年、六月二一日、突然、仁杉巌総裁の更迭が発表され、二四日には杉浦喬也氏が総裁に就任した。杉浦喬也氏は国鉄最後の総裁となった。分割・民営化反対勢力は一掃され、多くの国鉄幹部が追放された。そのなかには、私の知人も少なからず含まれていた。

分割民営化の流れに対抗する官僚グループは、ついに勢力として形成されなかったのである。反対派に「玉」がいなかったことが大きい。田村剛のような人が、当局に残っていたら……と私は考えずにはいられない。また、三塚に対抗できる人物、政治家がいなかった。

ほとんどの国鉄官僚は分割民営化に反対だった。それをぬるま湯につかった現状維持思考だと葛西は言うが、それは一面的というものだ。国鉄の遺産に対する、官僚たちなりの思いがあったろうと推測する。労使関係、労使慣行をそれなりに尊重する官僚たちもいたわけである。こうした官僚たちは、しかしながら個々バラバラであって、潮流を形成することはなかった。

冷酷無比な国家権力と、彼らをバックにした葛西らのマキャベリズムによって、民衆とも社会運動とも切り離された官僚たちは無力にも敗れていったのである。

分割民営化で敗れたのは、国労だけではない。こうした「守旧派」官僚たちも破れたのである。

●共同行動の持続

国労は、幅広い国民の支持を広げようと、総評が組織した五〇〇〇万人署名運動を懸命に展開した。しかし、この署名運動の時期に既に、総評と国労民同主流に「分割反対・民営容認」という立場が見え隠れしており、革同や共産党の活動家たちとの間で共闘の足並みが揃わないこともあった。しかし徳さんたちは、「政府が出している分割・民営化に反対だ。この一点で一致させていこう」「まずは政府の出している案を潰さなくては、道が開けない。この一点で共同しよう」と主張し、共同行動を持続させたのだった。

八六年には、大阪、東京、神奈川などいくつかの地域で、国鉄の「分割・民営化」反対をかかげた府県レベルの共闘会議を結成させている。同年七月には岩井、飛鳥田、亀田氏らの呼びかけで、「国鉄の分割・民営化に反対し、国鉄を守る国民会議」が発足することになった。

二　修善寺大会が守った大義とは

●修善寺大会へ

しかし分割民営化反対を主張していた国労運動も、支配層からの攻撃が強まるにつれて、運動上の分岐が生まれることになる。

とくに一九八六年衆参同時選挙で自民が圧勝し、国会内の力関係が大きく変化したことを契機に、こうした分岐はいっそう拡大し、国労内部の動揺は激化していった。

徳さんたちは八〇年以降、協会派と連携しながら、社会党員協議会を揺さぶり、他面、党員協とも一致点で共闘するという闘いを組んでいた。太田派から分かれた人民の力派とも手を組んでいた。千葉大会では、徳さんは機が熟していないと判断し、次に勝負を賭けた。

徳さんは、社会主義協会派と粘り強く分割民営化反対の共同戦線をつくりだしていたが、しかし革同と協会だけでは大会で勝てない。そこで徳さんらはさらに人材活用センターに目をつけた。人活センターには革同も協会も民同主流派もみんな放り込まれていたのである。「これを組織することができたら、山崎執行部にドスになること間違いない」と判断したのである。そして革同活動家が中心となって、人材活用センターに徹底したオルグをかけ、人活センター全国連絡会議をつくったのである。それが国鉄分割民営化反対の大義を守った八六年一〇月修善寺大会の「勝利」の原動力となった。

そうした闘いを一方で進めながら、他方で修善寺大会のギリギリまで国労民同主流派との折衝を、徳さんは繰り返した。こうした事実は一般にはほとんど知られていないので、ここに記しておきたい。こうした会合では徳さん以外は、すべて民同である。徳さんは山崎委員長とは個人的に友人だった。

徳さんは「山ちゃんが総評に白紙委任したのは、消してもらわなくては困る。社会党・総評の緊急対策も飲めん。執行部も交代してもらわなくてはならない」と言いながらも、「しかし、山ちゃんたちがやったことは全面否定しない」と。「山崎のやったことは、それとしながら、今後こういうふうにしていこう」という合意をつくっていった。徳さんらしい、相手の立場を認めた上での、ギリギリの共同への努力だった。三宅、鈴木、長江、石田ら、その会合に来ていた民同リーダーの連中も、この線で、大会の前日から当日にかけて合意したのだった。

ところが、である。山崎自身が、結局、これを飲めなかったのである。山崎は個人的には最後まで分割・民営化反対だった。しかし、にもかかわらず、総評・社会党・政府などからの凄まじい政治的圧力が彼に加えられ、もはや個人的な判断を貫けないような状況だった。徳さんは山崎のそうした苦しい胸中も理解していた。

修善寺大会採決直後、会場に来ていた岩井章に、徳さんが「先輩、申し訳ないです。こういう格好になって、ひょっとしたら、分裂までいくかもしれません」と言った。岩井は「そうだなあ。でも定員法の時よりいいじゃないか」と語る。徳さんが「なぜですか？」と問うと、岩井は「山（山崎）は金庫までもって逃げるとは言ってないからな」と答えたという。

結局、こうした徳さんたちの大奮闘にもかかわらず、国労は社会党系主流派がその後分裂を強行し、鉄産労をつくることになった。国労はさらに多くの脱退者を生み続けることになる。

しかし、修善寺大会で大義が守られただけでなく、最後までギリギリお互いの立場を認め合う共同の可能性が追求された歴史的事実は、記憶にとどめられるべきではないかと私は思う。

修善寺大会（徳沢一のはなし）

徳沢一は大会当時を振り返って言う。

《当時のワシの判断では、総選挙では野党は負けているし、一二月の国会では分割民営化は必ず通る状況だった。間違いないと思った。だから修善寺大会ではそうした状況を見越した上での方針を民同と一緒に決めなくてはならん、と考えた。

だから大会の前日も当日も、ワシは民同とずっと一緒に話を続けていた。東京からの時間を入れると一〇時間、それを三回ぐらいぶっ通しだった。革同からはワシ一人だけだった。革同からは白紙委任状だった。

そこでの折衝の結論は、山崎執行部が各方面と交わしてきた約束は、これは反古にできない。ただ三役は辞めてもらう。その上で今後のことは新しい陣営でのぞむ、というものだった。これでほとんど一致していた。東京の民同の鈴木司がワシのところにやって来て言うには「おまえ、これじゃ身がもたんだろ」。つまり（こんな結論では）私の出身の革同からは「総スカン」を食うのではないかと心配したわけだ。だが、結局はあのような結果になった。なんとも、いつまでも苦い思いだ》

徳沢は別のところではこう語っている。

《修善寺のときには、山ちゃん、山崎さんたちの意見を、どこまで入れられるかぎりぎりいっぱい接触をくり返しました。山ちゃん自体が白紙委任をやっとるでしょ、総評に対して。それは消してもらわないといかん。……それを飲むわけにはいかんと。しかし、おまえらがやったことは否定しない。そこで円満に執行部を渡さないかということを……一旦は合意したんです。どういう表現かと言うと〈山崎のやったことは、それとしながら、こういうふうにしていこうよ〉ということで、修善寺のなかで大会の前日から当日にかけて合意したんです。恐らく革同、総反発するだろうと思うとったです。(が、)山崎君がそれ自体を飲めんかったですね。と言うのは、総評、社会党、政府（などに縛られて）本人が自分で国労の幹部として判断できる状況じゃなかったです。……そして、ああいうことになるわけですよね》(「(大阪革同五〇年史座談会議事録」一九九〇・三)

●鈴木市蔵と徳さんとの対話

修善寺大会後に、国労が分裂したあとのことだ。岩井章の家で集まりがあった。そこには、かっての国労運動のリーダー・鈴木市蔵の姿もあった。徳さんも招かれていた。

鈴木市蔵は「出て行った者にも、彼らなりの言い分があるのだろう。それを聞いてみたい」と話した。その言葉を聞いた徳さんは返す。「それなら、私が紹介状を書きましょう」

すると鈴木市蔵は驚いて「そんなことができるのか？　分裂した相手だぞ」と語る。徳さんは「ワシらは、彼らが分裂して出て行く前日にも、いっしょに酒を飲んでますたい」と応えた。絶句する鈴木市蔵に、徳さんは「そのくらいでないと、世の中を渡っていけません」と言い、さらに次のことをつけ加えた。「ワシらは、先輩たちの時代の定員法・レッドパージの頃の、あの悲惨な分裂の仕方だけは、しないようにしたいという共通の想いがあるんです」と。

定員法・レッドパージから約四〇年が経っていた。こういう話は、おそらく歴史の表面には残らないだろう。しかし、やはり記憶しておくべきエピソードだと私は思う。分裂が進んだという事実だけではなく、その渦中にあった当事者たちの複雑な思いも含めて、歴史から受けとめていくことが大事だと思う。いつかその機会が訪れるかもしれない、新たな共同のためにも。

戦後直後の国労運動高揚の立役者の一人であり、定員法・レッドパージを潜り抜けた、現代史の生き証人・鈴木市蔵さんが、数年前に亡くなられた。徳さんは「鈴木市蔵さんをしのぶ会」の呼びかけ人になっている。

●分割民営化攻撃への対応をめぐって

細井は八〇年代にも国労運動のなかで大きな影響力をもち続けてきた。政治的力関係において、分割民営化への方向が強まっていたのを受け、細井は分割民営化を戦術的には容認せざるをえないという立場に移行していったようである。そこには、かつての新潟闘争の苦渋を経験した細井なりの現実判断があったのだろうと想像する。

修善寺大会の前の千葉大会において、細井は徳さんに「革同が分割民営化に反対するのは間違いだ」と説得しようとした。徳さんは「旗は降ろさない」と返した。

子上も徳さんに「適当なところで手を引け」と語った。彼の脳裏には定員法、レッドパージにおける痛苦の体験の記憶が生々しく残っていたと思われる。子上は当時の定員法反対闘争のリーダーである。彼は敵の攻撃の残忍さを知り尽くしており、労働者の犠牲の大きさを心配していた。「一歩、後退せよ」と言うわけだ。しかし、徳さんたちは、旗を降ろさなかった。

●意見の違いと変らぬ敬意

修善寺大会の前々日の社会党員協議会の会議に、細井は出席して発言していたという。国労革同グループのなかでのひとつの分岐だったかもしれない。

そうした細井の転換をどう見たらいいのか。徳さんは語る。「これは戦略戦術レベルの話なのであって、細井は大義としては、分割民営化に反対し続けたのではないか。そして彼は最後まで国労の統一を願っていたのではあるまいか」と。細井は徳さんたちが分割民営化を反対していく志、そしてそれを支える状況認識そのものを否定していたわけではあるまい。信念を全うする後輩活動家たちへの、苛立ちを隠すことはできなかったようであるが。

印象的なのは、分割民営化での政治判断で細井と対立した徳さんが、その分岐は分岐として、細井への変らぬ敬意を持ち続けていることだ。意見の対立と、その人間の基本的なあり方への評価とを、とかく混同してしまうことの多い日本社会の中で、徳さんの精神のあり方はとても貴重なことのように私は思うのだ。こういう徳さんの作風に、革同運動の重要な一側面が現れているように私には思える。

●守ろうとした大義

分割民営化反対の旗を守り抜いた徳さんたちの思いの底には、何があったのだろうか。徳さんたちとて多大な苦難を予測していたに違いない。しかし「労働者の利益、権利を守り、首切りをどうやって防ぐか」――分割民営化反対の旗をおろし、労使協調路線に組み込まれて、この国労組合員を守るすべはないと判断したようだ。

ギリギリの判断（徳沢一のはなし）

徳沢は前掲「議事録」ではこう発言している。

《じゃ、その私自体が、その当時、分割・民営化が阻止できると思とったのか、どうかと言いますと、正直言って思っていなかったです。しかし、あと、どういうふうに運動をもっていくのか。労働者の利益、権利なりをどういうふうに、首切りなりをどういうふうに、いくらかでもどうやって防ぐのかと、そのときに分割・民営化反対の旗印を下ろして、労使協調路線に組み込まれて、この国労の組合員を守るすべが無いというのが、あのときのギリギリの判断でしたね》（「（大阪革同五〇）年史座談会議事録」一九九〇・三）

徳さんはこんなことを言ったことがある。「俺はゼニ・カネのことなら、いくらでも降りてもいい。ばってん、人間が辱められていることに対しては、とことん闘う」と。徳さんたちが分割民営化と闘う基礎には、こういう精神のあり方があったのではなかろうか。

それは私の思いでもあった。苦渋の中をたたかい続ける国労の仲間たちに協力したい。その気持ちが、その後の林大幹との共闘につながっていったのである。

もう一つ、忘れてはならないことがある。徳さんが、九州の「筑豊の眼」を持ち続けて国労中執の活動を行ってきたということだ。九州の炭鉱が閉山され、地域が崩壊していることを目の当たりにしていた徳さんにとって、分割民営化がこうした地方にどのような深刻な打撃を与えるかは、理屈抜きに体験として理解していたのである。国労と言っても、活動体験の深さによって、判断に温度差が出てくる。「分割民営化容認やむなし」の判断をした組合指導者たちと徳さんとの間には、そうした現場体験の切実さの違いが横たわっていたのではなかろうか。

私たちは、国鉄不採用者の大半が九州と北海道の国労組合員であることの意味を、もう一度深くかみしめる必要があるのではなかろうか。北海道と九州の多くの国労組合員は、からだで、直感的に地域社会と雇用・生活を崩壊させる分割民営化の本質を見抜いていたのである。そして分割民営化から二〇年、その直感は、加速する地方切捨ての中で、悲劇的なかたちで的中してしまったと言うべきではなかろうか。

●葛西よ、驕るなかれ！

今、ＪＲは経営的に「うまくいっている」と言われている。葛西の『国鉄改革の真実』にも、そんなことが誇らしげに語られているのだから笑わせる。だが、考えてもみよ。強大な国労を潰し、国家に膨大な借金をチャラにしてもらった上での経営だ。国家にケツを拭いてもらった経営、そんなもの「うまくいって」当たり前ではないか！　こんなものが分割民営化の成果だなどと誇らしげに語れることか！

立ち止まって考えてみようではないか。そもそも分割民営化によって拡大してしまった地域間格差をどう考えるのか？　地域ローカル線を廃止し、地域に生きる人々の足を奪い、地域を空洞化させたツケをどう考えるのか？　そして、安全問題だ。国鉄時代の「事故」の規定がＪＲになったら、緩やかになってしまった。そのことが多くの事故を引き起こす要因となっている。分割民営化は、国鉄にもともと存在していた事故を防ぐ多くの機能を崩壊させてしまったのである。これは、取り返しのつかないことではないのか？　国有鉄道のもったさまざまな社会的機能を、今どのように復活させたらいいのか。我々の前にはとても厳しい現実が横たわっているのである。

こういう現実を、葛西よ、どう考えるのか。驕るなかれ！

三　私のたたかい

●林大幹との共闘

私は国労組合員を救うために、自民党の国会答弁を引き出す工作をした。その際、林大幹にとても世話になった。林大幹は安岡正篤の高弟である。

六〇年安保のころである。当時、高弟の娘婿が国鉄の運転部に所属していて、彼はあるとき札幌に配転され部長になった。その時期、北大で学生と労働運動との共闘が高揚していた。ちょうど私が唐牛らと共に激しく闘っていた。前にも述べたが、そうした集会の様子を娘婿が見ていた。そんな縁があった。

その彼が、私が国鉄を辞めて東京に来ていることを知り、林大幹に「おもしろい人物がいる」と私を紹介してくれたのがきっかけだった。彼らは私に「一緒に仕事をしよう」と言う。何の仕事かと思ったら、「墓場をつくろう」というのだ。これには参った。

林大幹は私を気に入ってくれたようだ。彼は孔子、孟子の教えを、私たちに説いてくれた。彼なりに、そうした儒教道徳をおのれの生き方に体現させていた。人柄もいい人だった。言葉の真の意味で「国を治める」志をもち、人々の生活の面倒を見ようとする政治家だった。欲得ではなく、国民の生活を何とかしようという気持ちのある政治家だったと思う。

私は国労組合員の受難を林大幹に話した。

「あなたは安岡哲学の能書きをたれているようだが、今、目の前に困った人がいるのだ。彼らを救うためにいっしょにやってみないか」

彼は驚きを隠さなかった。

「一〇〇人ではなく、一〇〇〇人も犠牲者がいるのですか」

彼の心に悔いとして残っていたのは、泥沼化した成田空港の紛争だった。保守勢力は力ずくで、空港建設をできると考えていたが、農民を中心とする徹底した反対運動によって、その安易な予想が裏切られたわけである。誠実な林大幹は、成田の問題を終生悔いていたのである。その悔恨の念が、国鉄分割民営化による犠牲者への救済への思いにつながっていったように思う。

私もまた、かつての国労運動のリーダーの一人として、運動を途中で退かなければならなかったことについて、「仲間たちにすまない」という思いをもっていた。左右の「悔恨共同体」が、国労の犠牲者を救うために共同戦線を組んだのだ。

林大幹は、中曽根や橋本龍太郎を紹介してくれた。中曽根から橋本へと話をするのがいいとまでアドバイスしてくれた。私は国労と橋本龍太郎を会わせようとした。国労の島田副委員長と橋本を大臣室で会わせた。国会の場で、組合員の首は切らせないと言わせようとしたわけだ。そしてついに橋本・六本木会談を実現させた。林が動くことで、橋本の「一人の首切りも出さない」との国会答弁を引き出すことができたのである。日経新聞のO記者が紙上に大きく取り上げて、衝撃を与えた。その後「誰が仕組んだのだ？」というわけで「犯人捜し」が始まり、O記者は日経で左遷されてしまう。

こうした経過の中で、橋本や中曽根という人物とも接する機会をもった。橋本はこの世にいないが、中曽根は今もって隠然たる力を自民党内で保持している。しかし、この時の私の印象では、二人ともたいした人物ではないないという思いを禁じえなかった。田中角栄、荒船清十郎、林大幹らに比べると、志の低い小人物に思えた。橋本など、気どった男で「あいつは気取り七面鳥だ」と仲間内では語ったりもしていた。

こうして勝ち取った国会答弁だったが、その後この答弁は裏切られ続けている。私は自民党政治家たちに対して、満身からの憤りを禁じえないでいる。

●仲間にドリンク剤を

ある時、国労、国鉄闘争団による国鉄本社前のデモンストレーションがあった。

国鉄不採用になった一〇四七人のなかには、私の友人たちがいる。国鉄本社は東京駅の北口のまん前にある。私は妻に言って、国鉄本社前へ薬局のドリンク剤を一〇〇本届けてもらった。妻はドリンク剤を一〇〇本台車に積み込み、駅の特別出入り口から出て、届けた。そんな形で、私は彼らにエールを送っていたのだった。

しかしその様子を駅の助役たちは見ていたのだろう。よほど癇に障ったらしく、後日、助役が薬局の看板をけり倒したりしたそうだ。他方、味方であるはずの国労の中の一部の人による私へのわだかまりは、消えていなかったようである。その人たちには好意とは受け取られなかったらしい。

●国鉄闘争団

一九九〇年四月一日、一〇四七名に解雇が通告されてきた。うち国労組合員は九六六名であった。

解雇された組合員を守り、どのようにたたかうかについては討議も重ねてきていたが、四月一二日に全国代表者会議を開催し、「解雇撤回・JR復帰を求める国労闘争団」としてたたかうことを決めた。

民間の労働者の「争議団」闘争の教訓に学び、国労は解雇者と採用された組合員を分離せず、国労全体の組織の一機関として位置づけ、一体としてたたかうことを重視した。こうして組織された闘争団は、生活を守るために「自活体制」を確立し、物販、アルバイトの体制をとった。

全国物販は、地方本部ごとに担当の闘争団を決め、職場や地域の労働組合等に商品を持ってオルグに歩いた。

闘争団員は困難をのりこえ、ようやくアルバイトにつけるようになった。彼らを支えたのは「不当労働行為は許さない、正しい道だ、負けてなるものか」という怒りと正義に満ちた思想だった。

その後、物販を中央に集中し、「アルバ」というセンターをつくり、「株式会社」を発足させたが、多くの問題を抱えることになった。

自活体制の発展のかたちとして、闘争団が事業を行う「会社」を設立していった。労働者が会社を運営し、生活を守る体制は九州・北海道で発展しているが、その中心に革同の同志たちが奮闘し貢献している。

●闘争団の苦しみ

国鉄闘争団は、現地職場復帰を原則的に要求していた。当局があるとき、「一〇四七名問題をどう解決したらよいか」と聞きに来たことがある。

私は次のように答えた。

「会社をつくったらどうか。闘争団の多くいる北海道や九州に会社本社を作り、その事業の責任を当局が負うことにする。第二ＪＲでもつくってみてはどうか。そこではいろんな仕事を開拓したらいいではないか」

この案には当局側も眼を白黒させていた。しかし運動側は、こういう案には抵抗を示し、現場復帰の原則的姿勢を崩さない。こういうことは、犠牲者の置かれた状況、怒りからすると当然だし、その心情をとてもよく理解することはできる。ただ、一方で考えてみるべき問題も残っているように思える。

国労闘争団の仲間たちは、物販などで協同組合的な活動を行いながら、相互扶助で生活を成り立たせている。昆布を売ったりしてもいる。しかしこういう商売は利が薄く、なかなか利益が上がらない。物販会社本部に利益が上がっても、現場を歩き回る仲間たちには届かない構造がある。

こういう状況をどう打開していくのか。闘争団は物売りの観点になってしまう傾向がある。発想を転換してみたらどうだろうか。単なる物販ではなく、農業を軸にモノづくりを始めてみたらどうだろうか。

自然に働きかけ、有機農産物をつくっていくこと、それを〈運動〉として位置づけていくこと――これが今、私が到達している運動思想だ。最後に、そのことについて語ることにしよう。

第八章　有機農業への道
——生命の根本へ

一　有機農業へ——価値観の転換

●有機農業への関心

過労がたたって病に倒れたことは、私のその後の価値観に大きな影響を与えていった。会社による利益追求ではなくて、後世に何かを残したいと考えるようになった。生きているうちに何かやりたい。

もともと事業をしながら、少しずつ農業への関心が高まっていた。月刊誌『現代農業』を継続的に読んでいた。やむを得ず病気療養に専念しなければならなくなり、私に思索の時間が訪れた。そして有機農業というテーマに導かれていったのである。

人間が生きていくことの基本は「食うこと」をどうするかだと考えるようになった。従来の化学薬品を使った大型機械による農業は、土の中に生息する膨大な微生物たちを殺してしまう。近代農業は生き物の巣になるべき「土」を壊してしまう。これでは持続可能なものにならない。その深刻さはまさに日本で現れているではないか。大資本と農協は土を壊し、日本の農業を破壊してきたのではないか。

農業は「商売」ではない。〈生きる道〉なのだ。

私が一番考えたのは、食うものを自分で生産し、自分で生きていきたいということだった。農業生産からやらないかぎり、日本はつぶれると思った。いつまでも人間の根本である食糧を輸入に頼っていてはダメだ。自給率三〇％というような国づくりではダメだ。補助金を出して農業を維持しているような現状には問題がある。

今こそ自給自足の思想に立ちかえるべきではなかろうか。病の体験をとおして生命の根幹について考えさせられた、ということだろうか。また、重病を患い、自分の人生、寿命の限界を否応なく感じさせられた。残りの限りある人生を〈有機農業〉に全力でぶつかろうと決意したのだった。

●東京を離れよう

こうした決意は東京を離れる決意でもあった。思えば、私は文明の集積地・東京に魅せられ、そこで六〇年代初頭に労働運動で活動し、七〇年代以降は大都市東京を拠点に旺盛な事業を展開してきたのだった。

しかし、有機農業への関心の強まりとともに、こうした大都市・東京のあり方に、根本的な疑問を感じるようになった。それは、この都市とともに生きてきた私自身の生き方への反省でもあった。高層ビルが林立する東京の光景を見ながら、人間の生命、生活、大地から遊離する文明の脆さを痛感するようになっていった。東京を離れよう。私の価値観は大きく転換し始めていた。

●湯河原で

二〇〇〇年、私は北海道・洞爺湖へと移住することになるのだが、その前の一時期、湯河原で生活した。その地で地鶏の飼育を始めたのである。一九八〇年代後半のことだ。鶏に有機農産物を与え、卵を産ませそれを販売する。有機農業への関心を実践に移す一歩だった。

ちょうどその頃、消費税増税問題が全国的な政治課題に上っており、私も自分の商売との関係で、消費税反対闘争にのめりこんでいった。消費税は逆進的な性格をもち、所得の少ない人々に大きな負担がかぶさることになる。これは、業者や労働者たちの生活の根本を脅かすものではないか。私にとって、消費税問題は政治問題であると同時に、「生きる」ことの根本を脅かすものに思えた。だとすれば、「生きること」の根本を護る社会運動が必要ではないか。

やがて地域の右も左も糾合して、消費税なくす会を組織し会長に座った。この間、二〇年以上、事業家として生活してきたのだが、久しぶりに大衆運動の表舞台で活動したわけだ。私にとって久しぶりの「統一戦線」運動になった。まさに「昔取った杵柄」だ。かつての私は、国労活動家として労働運動を軸に、統一戦線を展開した。その後の人生で事業家を経験することによって、多様な諸階層からなる地域統一戦線運動を組織できるようになった自分に気がついた。

地域かわら版と称するニュースをまめに発行し、ハンドマイクで街宣活動も展開した。地元議会への請願運動も旺盛に展開した。町長も「趣旨は理解できる」「しかし立場があるから、みなさんに賛成するわけにはいかない」と言わざるをえなかった。そんななかで地域住民のあいだでもちょっとした人気者になった。町長選挙にも出て欲しい、と多くの人から言われるようになった。脅威に感じたのは町長たちである。私が首長選挙に出るのではないか、と恐怖感を抱いていたらしい。後に私が洞爺湖に移住したことを、その眼で確かめて安堵したようだ。

二〇〇八年秋現在、消費税増税が、重要な政治争点の一つとなっている。今こそ民衆の生活を脅かす消費税に反対する広範な共同行動が求められている。

二　洞爺湖で有機農業を営む

●洞爺湖への移住

そのうちに私は、人生の最後の舞台をもっと本格的に有機農業を実践しながら過ごしたいと思うようになっていった。そうした実践には広大な土地がふさわしい。さらに重病を患った私には、共に有機農業をやってくれる仲間がどうしても必要だった。偶然、久保さんという、洞爺湖に在住し農業をやりながら有機農業に関心を持つ人と知り合うことができた。洞爺湖は広大な土地が大きな魅力でもあった。北海道ではあるが、気候も比較的温暖だ。

二〇〇〇年、洞爺湖に移住を決意した。洞爺湖で広大な土地を買い有機農業を始めた。まったくの未知の領域への挑戦である。

よく私は、友人・知人に「故郷、北海道に帰りたかったのか」と言われることがある。しかし、実はそうではない。北海道に移住したのは、故郷に帰るということではなく、あくまで有機農業を行うために、適切な地域として北海道を選んだということだ。生きる「現場」として北海道の地を選んだ。

●仕事起こしと有機農業

私は、貨車の連結の仕事以来、一生懸命働くことの大事さを強く考え続けてきた。それは、国労青年部でのスローガン「大いに働こう」にも現れていたように思う。さらに私が国鉄を辞め、ユニオン交通をつくって仲間の雇用の受け皿を作ろうとしたのも、こうした考えと繋がっていたと思う。「働くこと」への想いは、今、有機農業へ向かって深化している。「仕事起こし」のベクトルは、有機農業へ向かっている。

アメリカの金融危機を見るにつけても、労働から遊離した証券などに振り回されるのではなく、大地に根ざした農業を基礎にして、社会を再建していくべきではないか。国際経済に暗雲が垂れ込め、農産物が高価になってきている。これは、日本農業を見直し、再建させる方向に舵を切るいいチャンスではないか。

●洞爺湖地域再生プラン

そうした問題意識も芽生えて、洞爺湖に着いて一年経たないうちに、「洞爺湖地域再生プラン」を作成した。私の見た洞爺湖地域は、予想以上に地域の衰退が進行していた。人々の活力も失われている。こうした危機意識から、再生プランを洞爺湖の市役所に提起し、教育長にも提案した。

「空いている学校を有機農業を教える農業学校にしよう。空いている保育所、幼稚園はお年寄りや子どものたまり場に。こういう場所を使って、冬にショートステイにしたらどうか。さらに、この地域を農産物の加工場をつくろう。農産物をつくるだけでは現在は十分ではない。それらを加工していく場所にしていこう。そうすれば、多くのお年よりも集まってこれるではないか」

これは農業を軸とした地域の総合的再生プランだった。洞爺湖の市役所は、この提案に驚いていたようだ。しかし、この案はまともに検討されることはなかった。サミット誘致の話が天から降ってきて、役所の連中の意識がそちらの方に行ってしまったのだ。大地に根を張った再生ではなく、洞爺湖サミットを誘致するという一過性の公共事業の方にいかれてしまったのだ。ここでは、またぞろ無駄な公共事業依存の地域開発になってしまっている。しかし、今でも私のプランは意味をもっていると思っている。

有機農業では、五年かかって土が本物になる。肥料はいらない。土の中に微生物、培養菌が増えていくことで、農薬もいらなくなり、甘い野菜もできる。私の農場の土もようやく本物になってきた。命のもとが土であり、泥なのだ。有機農業への挑戦も、これからが本番だと言えよう。

三　新しい農業労働者を育てたい

●有機農業は儲かるはず

農家のほとんどが農協に借金しているのが現状だ。洞爺湖地域でも、どこの農家も赤字で、一年に何軒かつぶれていく。こうした状況を何とかできないだろうか。

有機農業は本来は儲かるはずだ。肥料や機械はいらないのだから経費がかからないからだ。収支の計算をきちんとし、見通しをもって経営していけば、近代農業に比べて利益が上がると思う。問題は人手だ。人手が足りないからそれができない。そうならば助け合わなくちゃいけないわけだ。

ところが、そこに問題がある。現実の農家はお互い助け合わないのだ。数字をお互いに教えたりもしない。『現代農業』という雑誌を読んでいると、農家がどこで行き詰まるかよく見えてくる。みんなお互いに相談しあったり、共同でやるということがないのだ。また農協の存在がそういう共同の妨げにもなっている。

私は階層を越えたオルグ人生のなかで、農民が一番組織しにくい存在だと感じている。商工業者はわりあいにすぐまとまる。彼らは計算を働かすからだろう。ところが農民はそうではない。お互いに助け合うという精神に欠けている。

農民に、相互扶助の精神を！　私はそう提起せずにはいられない。

自分たちの自給自足分を超える剰余部分を集めて共同のセンターを創ったらどうかと思っている。共同でものを回していくやり方だ。共同でものを調達したらどうか。いわば、共同で地域的規模で自給自足的な世界をつくってみてはどうかと提起している。それには誰かリーダーがいないとできないだろう。

●〈農業労働者〉を育てよう

農業の担い手不足、後継者不足が深刻な問題になっている。しかし農業人口を増やせばいいというものではない。問題は、若者が農業への希望を持てなくなっていることだろう。どうしたらいいか。私も悩んでいる。

若者の農業教育が必要な時代ではないか。今、大都市に近いところで農業教育の試みが始まっている。茨城とか小田原などでそうした農業学校の試みが開始されている。しかし、それらはあくまで労働力確保、就職のための学校という枠組みを出ていないように思える。未来の農業の担い手を、単なる労働力としてしか見ていないのではないか。彼らを相互扶助の精神で、連帯し仲間作りをしていける農業労働者として育てていかなくてはならないと思う。

こんなことを考えるのも、私がかつて労働者教育運動に心を燃やした経験があずかっているからかも知れない。農業労働者を育てる教育運動が今こそ求められていると思う。「農民連」はたいへんよくがんばっている。しかし、まだ先進事例の紹介にとどまっていないか。もっと農業労働者の相互扶助と連帯を大胆に進めていく運動が求められていると思う。

四　農業を基礎に出直せないか

私の体力も思考力も次第に弱ってきている。

非道い世の中だと思う。その非道さを列挙すれば限りがない。読者の方々が日々実感していることだろう。私が繰り返すまでもない。

私は夢想する。

北海道では離農していく人々も多く、広大な土地がある。ここに有機農業のための資本投下する人はいないだろうか。ここに日本社会の食糧基地をつくりたい。証券などの紙切れよりも、畑の方が確かな存在ではないか。

私は夢想する。

全国の非正規労働者諸君！　フリーター諸君！　そしてホームレスの皆さん！

北海道に来て、この広大な大地の上で農業をやろうではないか。空いた学校を農産物の加工場にして労働者が働く場にできないだろうか。農業と結びついた新しい大衆運動を構築できないだろうか。北海道を食糧自給地帯に作りかえられないか。

私は夢想する。

貧しい者同士で自給自足の仕組みを作れないだろうか。労働運動にもそういう考え方が求められていると思う。労働組合の仲間たちに伝えたいのは、視野を広げてほしいということだ。地球の危機が生活の悪化と同時に進行しているとき、賃上げだけではないだろう。労働者は、他の階層の人たちと力を合わせて自給自足できれば、誰にも支配されないのだから！

私は夢想する。

生産においても文化においても自らを「経営」しよう。我々が権力を取っても、黙っていては、生産はできないのだ。「これは俺たちのものだ」と言ってみても、生産しなくてはどうしようもなかろう。自分たち労働者だけでは生産はできない。そこに中小企業の大事さがある。農業の大事さがある。中小企業も農業も含めた生産、つまり、新しい「経営」をやらなくてはならない。

読者よ、早とちりしないで欲しい。私は日本を閉鎖経済にしようと言っているのではない。私は洞爺湖地域を拠点としつつ、有機農業を国際的に促進しあう連帯、下からのグローバル化を構想しているのだ。私の友人たちはいま、ベトナム有機農業との連携に取り組んでいる、と聞く。これをもっとグローバルに広げたい。ここに大地からのグローバル化への道がある。

おわりに

私は今まで自分の軌跡を語ってきた。しかし、私の最大の関心事は、現在と未来にある。私が自分の軌跡を語ったのも、あくまで自分のささやかな経験を次世代の人々に伝え、未来に生かしてもらいたいからに他ならない。

私は、紆余曲折の人生を辿ってきたが、そうした足跡の中に、〈有機農業に賭ける〉今と未来の自分の構想と実践につながっているものを強く意識するようになった。そこにはある種の「多様な経験の蓄積」があるように思える。それらが今、一つの方向に収斂しつつあるような気がしている。しかし、今の私は闘病中の身の上でもある。そういう経験の蓄積を、できれば若い人たちに受け取ってもらえればうれしい。

●現代に甦れ！〈革同魂〉

私は、労働運動家として前半生を国労革同のメンバーとしてたたかいぬいてきた。戦後労働運動の中心軸だった国労は、分割民営化以後、苦難に追い込まれている。闘争団の仲間たちの闘いもけっして楽観できない情勢にある。しかし、視野を日本全体に広げてみると、あの時代の労働運動の企業の枠を越えた運動のダイナミックスは、格差・貧困とたたかう多くの「ユニオン」に受け継がれていると言えないだろうか。

今、青年ユニオンなどを拠点に、非正規の若者たちが企業を超えて仲間の団体交渉の応援に駆けつける姿を見ていると、かつて青年部時代に争議支援で走り回った自分の姿とだぶってくる。〈革同魂〉は形をかえて今に甦りつつあるように思える。このエネルギーが、さらに大きな大衆的共同に広がることを願ってやまない。そして願わくば、安保闘争のような壮大な政治変革の力に、多くのユニオンが結びついていって欲しいと思う。

私個人の生き方としては、あの時の闘いの精神が、今、分野は異なるが有機農業実践、新しい農業運動を展開する支えになっている。

●友人たちの今、そして感謝

私の歩みは今も現在進行形である。友人たちもそれぞれの場で奮闘している。

徳沢一さん（西の徳さん）は、九州へ帰り、再びそこを拠点として活動を再開させた。北海道に戻り、洞爺湖を拠点に有機農業を開始した私の生き方と共通するものを感じる。いま、徳さんは一〇四七名の救済のため奔走し、「ポポロ」という会社を作って解雇者たちに働く場をつくっている。救急の車の運転やデイケアの人たちの搬出の仕事だ。勤医協という医療団体がこうした仕事の受け皿になっている。地域の医療運動と労働運動（闘争団運動）とを結合させる知恵に、革同リーダー・徳さんの真骨頂が見られるではないか。

徳さんは、かつて挫折した民主的規制路線の現代化が必要ではないかと考えている。公共交通と医療を含む幅広い社会サービスをどう結合させていくかという課題である。そして解体されてしまった北九州の地域を、総合的に再生させようと奮闘しているのだ。徳さんは、地球温暖化への世論の高まりをにらみながら、「トラック輸送は温暖化を促進する。これからますます公共的な貨物輸送が重要になってくる。火をつけるなら、ここだ。そういう課題に切り込む社会的労働運動が必要ではないか」と語る。有機農業に邁進する私の問題意識と共通しているではないか。国労運動は、このような社会運動的労働運動として、今こそ現代的に再生されるべきではなかろうか。

徳さんはまさに革同魂を貫き通す「ひとすじの道」を歩んできた。そんな親友の生き方に、私は敬意を抱き続けてきた。彼の生き方は、私の紆余曲折の人生と、まさに「対極」にあるかに見える。しかし奥底では、我々の生き方に響き会い、通じ合うものがあったと信じている。誤解されることもあった私の生き方を、最も暖かく理解してくれたのは、徳さんと人見君だった。そのことに感謝したい。

人見君は大阪でベトナムとの技術交流事業を、ＪＲ経営サイドも巻き込んで実現させている。私がかつて行った日中技貿センターの精神と通じる貴重な実践だと思う。アメリカに痛めつけられたベトナム民衆の技術発展のために、日本人が協力していくことはとても大事な事業だと思う。人見君たちの実践にこれからも注目したい。彼は今、大阪の病院で、私同様、闘病中だ。お互いしたたかに生き抜こう。

小宮博君には、本書の作成中、国労の歴史について貴重な助言をいただいた。心から感謝する。

私を支えてくれた水戸さんは、第二の人生をヘルパーとして懸命に歩んでいる。彼女の支えなくして、私たちの事業はありえなかった。感謝の気持ちを贈りたい。

仁杉守さんは、新たな総合的な病院経営に、奥さんともどもチャレンジしている。あの止むことのないチャレンジ精神からどれだけ刺激されたことか。私のからだのことも優しく心遣いしていただいている。感謝に耐えない。

弁護士の福島等先生には、私が苦境に立たされたときに、何度も助けていただいた。先生のヒューマニズムと包容力に、私も包んでいただいていることを実感している。

他にも数え切れないくらい多くの人のお世話になった。私は本当に多くの友人たちに恵まれてきたと思う。そのことに心からの感謝の気持ちを記しておきたい。

私の軌跡を、一人の労働運動家であり、事業家であり、そして有機農業に飛び込んでいる人間の、戦後経験の軌跡として読んでいただければ幸いである。

最後に。私を支え続けてくれた妻、美子に、そして思春期の時期にほとんど傍にいてやれなかった――しかし今、薬剤師として自立してがんばっている――息子・宗次に、さらに、今は亡き父、母、兄に、本書を捧げたい。

牧野 文夫（まきの・ふみお）

1934年サハリンで生まれる。敗戦後3年して、北海道の留萌に引き揚げ。1951年、17歳で国鉄に就職。札幌駅の貨車連結の仕事に従事。国労運動に参加。共産党に入党。北海道の国労青年部運動の中心メンバーとして活動を展開。平和運動、安保闘争に積極的に参加。1960年から3年間、東京で全国の国労青年部長として活躍。1963年からは札幌に戻り、国労札幌支部の副委員長。しかし1964年、総評4・17ストライキをめぐる共産党の批判声明（4・8声明）をきっかけに、国労を除名処分。1970年頃、国鉄を退社。共産党離党。1970年代からは企業経営に転身。札幌での書店経営を経て、東京で「ユニオン交通産業株式会社」を設立し、社長に就任。国鉄関連のサービス事業を展開。国鉄を中心とした「アメリカに新幹線をつくる」事業構想（その後、この構想は挫折）でも活躍。また中国でも事業展開し、日中合弁企業を設立。日中技貿センターを設立し、日本企業の中国進出の橋渡しも行った。1985年頃、過労が原因で病に倒れて以後、有機農業家へ転身。2000年頃、北海道の洞爺湖に移住。そこを拠点に有機農業家として活動を継続。

疾駆の記 ── 国労時代とその後

2008年10月10日　初版第1刷発行

著　者　牧野文夫
装　幀　クリエイティブ・コンセプト
制　作　いりす
発行者　川上　徹
発行所　㈱同時代社
〒101-0065　東京都千代田区西神田2-7-6川合ビル
電話 03(3261)3149　FAX 03(3261)3237
印　刷　モリモト印刷株式会社

ISBN978-4-88683-632-8